新TOEIC® TEST
熟語特急
全パート攻略

森田鉄也
Ross Tulloch

TOEIC is a registered trademark of Educational Testing Service(ETS).
This publication is not endorsed or approved by ETS.

朝日新聞出版

🔊 音声ファイル ダウンロードの方法

本書の音声は、下記の朝日新聞出版 HP からダウンロードしてください。

http://publications.asahi.com/toeic/

▶01 本文の左のマークのついている部分は音源があります。
横の数字は音声ファイルの番号を表しています。

編集協力 ── Karl Rosvold
　　　　　　秋庭 千恵

録音協力 ── 英語教育協議会 (ELEC)
　　　　　　Rachel Smith 🇬🇧
　　　　　　Peter von Gomm 🇺🇸

もくじ

失敗から学ぶ——Learn By Making Mistakes … 004

効果的な学習方法 …………………………………… 006

Part 1	Part 1 に頻出のフレーズ 20	009
Part 2	Part 2 に頻出のフレーズ 16	051
Part 3	Part 3 に頻出のフレーズ 24	085
Part 4	Part 4 に頻出のフレーズ 14	135
Part 5	Part 5 に頻出のフレーズ 15	165
Part 6	Part 6 に頻出のフレーズ 15	197
Part 7	Part 7 に頻出のフレーズ 15	229

失敗から学ぶ —— Learn By Making Mistakes

現在僕は日本を離れています。そうはいっても、悠々自適の海外生活ではありません。一昨年まで、予備校講師などをやってがむしゃらに貯めたお金を削って生活しています。アメリカやカナダのシェアハウスを転々としながら、本場の英語と日々格闘しているんです。日本の友人からは、なんでそんなに骨の折れることをやっているのかと不思議がられます。

ここ1カ月は、1人でヨーロッパを歩き回ってきました。ハンブルグでは、午後11時に着いたホテルでは予約したはずなのに満室であると告げられ途方にくれました（予約の日付を間違っていました）。パリでは、月曜日にヴェルサイユ宮殿に行ったら休館日で、火曜日にルーブル美術館に行ったらこれまた休館日でした。パリでマドリッドへ向かう鉄道チケットを買うときには、物理的に乗り換え不可能なバルセロナ経由チケットを買わされました。マドリッドでは迷子になりました。

こんな手痛い失敗をするたびに、「予約の日付を確認すること」「閉館日を確認すること」「道に迷ったら地図と方位磁石を使うこと」といった、小学生でも知っている当たり前のことを学びました。

当たり前のことでも、実際に経験すると、身にしみて理解できます。英語も同じです（今、身を削って海外にいるのも、そのためのようなものです）。TOEICの学習も同じです。実際のテストの問題、もしくはそれに似た問題を解いて、間違える経験を通して理解が深まります。本書にはそういった経験ができるように様々な工夫がなされています。

本書は「単語特急」「単語特急2」に続く「単語特急3」に相当するものです。今回は、熟語やフレーズなど、コロケーション（語と語の相性）で覚えるべきものを集め、パート別に章分けしています。また、実際に出題される場面を意識して問題文をつくっています。

　Part 1には描写された場面がわかるように写真がついています（ただし、写真を見なくても穴埋め問題として解答できるようになっています）。Part 2と3は会話形式、Part 4は1人の人がしゃべっている形式をとっています。Part 5（ストーリーを重視したので実際の問題よりも文を長めにしてあります）と7は問題文が1文、Part 6はより長めの文になっています。

　そして、そのすべては実際のテストに出るフレーズをターゲットにしています。制限時間のもと、本番のつもりで問題を解いてください。そして、大いに失敗してください。きっとその経験が血となり肉となるはずです。

 森田　鉄也

本書で用いられる記号表記

　😊 森田による補足解説

- 動 動詞
- 名 名詞
- 形 形容詞
- 副 副詞
- 接 接続詞
- 類 類義語・類義表現
- 反 反意語・反意表現

効果的な学習方法

① 時間を測って問題を解く

　本書は、穴埋め問題を解きながら熟語力をつける方法をとっています。その際、ただ漫然と問題をこなすだけではいけません。例えばTOEICでPart 5の問題にかけられる時間は、平均1問あたり20秒です。同じようにそれぞれの問題の解答目標タイムを設定してあるので、この時間内に解けるよう意識して取り組んでください。時間を測って、速さを追求することでTOEIC本番の際に要求されるスピードとリズムが養成されます。

　また、単語や熟語を覚える観点からも、ある程度の緊張感を持った状態で解いたほうが、記憶に残りやすくなります。脳には、楽しかったり、少し緊張していたりすると、記憶に残りやすくなる性質があるからです。その性質を利用して、自ら「目標時間以内にやる」という外圧をかけ、緊張感を持って取り組んでください。

② 解説を読む

　「どうしてその答えに結びつくのか、どこに注目すれば正答にたどり着くのか」、その道筋を確認してください。論理的に理解すると、覚えた知識同士が有機的に結びついていきます。知識のネットワークが網目状につながり、その網目が細かくなればなるほど、いつでも取り出せる「使える」知識になるわけです。

また、解説中に ◆〈グリーンマーク〉のついたターゲットフレーズを明示しました。ターゲットフレーズは、特に頻出のものですので、最低限これだけは覚えてもらわなくては、本書をやる意味がありません。

記憶定着トレーニングを実践する

問題を解いたら解きっぱなしにするのではなく記憶を定着させるトレーニングが必要になります。以下に3つのお勧めトレーニングを紹介します。

1 耳を活用して覚える!

まず、朝日新聞出版のホームページから、無料音声ファイルをダウンロードしてください。

http://publications.asahi.com/toeic/

耳で覚えることもとても重要です。

何度もくり返し聴くことによって、覚えたての単語が、短期記憶から長期記憶に移行していきます。一度長期記憶にインプットされれば、掛け算九九のように、忘れない記憶となります。単語を覚えるときに、何度も意味を確認するテストをしたり、声に出したり、書いたりしたりしている人は多いですよね。これはもちろんいいことです。これに加えて耳も使って、「何度も聴く」ということが最近は手軽にできるようになりました。ぜひ、MP3プレーヤーなどを使って、通勤・通学時間なども有効に活用してください。

2 グルグル勉強法を取り入れる!

ターゲットフレーズとその関連語句には覚えたかどうかを

チェックできる □ がついています。まず、自分の知らないもの、覚えていないものをはっきりさせましょう。覚えた語にはチェックを入れていきます。まだ覚えていないフレーズのチェックボックスは白いままになります。最終的にこの本のチェック項目がすべて黒くなるまで続けてください。

覚えていない熟語のみに集中して復習すると効率がいいでしょう。完全に覚えた熟語に時間をかける必要はありません。復習すればするほど、覚えていないものが減っていき、復習時間も短縮されます。時間を短縮できる上に、自分の弱点の補強をできるのですから、これほど効率のいい勉強方法はありません。

これは、覚えていないものだけを効率よく記憶するグルグル勉強法（弁護士で『TOEIC テスト 実力アップのテクニック』の著者の中川徹氏が命名）といわれる勉強法です。一度この本をやると決めたら、他の本に浮気せずに本が真っ黒になるまで使ってください。

③ 点から線へ

最後に記憶力を高めるものとして、カテゴリー化という作業があります。簡単にいえばグループ分類して記憶することです。熟語とその意味を覚えた後、関連語句を覚えること、つまり1つの点（知識）を身につけた後に別の点（知識）とつなげることによって点が線になり、頭の中で知識の体系化がなされます。自分の頭の中で整理しながら、関連語句も一緒に覚えましょう。

Part 1

Part 1 に頻出の
フレーズ **20**

目標解答タイムの目安

3分45秒

グルグル 記録のまとめ欄

	実施日	正解数
1 (1回目)	月　日〜　月　日	/20
2 (2回目)	月　日〜　月　日	/20
3 (3回目)	月　日〜　月　日	/20
4 (4回目)	月　日〜　月　日	/20
5 (5回目)	月　日〜　月　日	/20

1.

The people are waiting ------- line for a bus.

(A) on
(B) in
(C) by
(D) for

1. (B) in

1. 選択肢には前置詞が並んでいます。
2. 空欄の前には wait(ing) という動詞、後ろには line という名詞があります。
3. よって、ここに in を入れれば、wait in line「列に並んで待つ」という Part 1 頻出のフレーズが完成します。今回は wait in line for X「X を列になって待つ」という形で出てきています。

> wait in line to do「〜するために列になって待つ」も覚えておきましょう。

訳▶ 人々は列に並んでバスを待っている。

□ **wait in line** 列に並んで待つ

関連語句　□ **stand in line** 列に並ぶ
People are standing in line.
人々は列に並んでいる。

> お店の前などに複数の人が並んで立っている写真で正解として出てきます。他にも「並ぶ」という表現に line up、queue などがありますが queue はイギリス英語なので TOEIC に出てくる可能性は低いです。

解答目標タイム 10 秒

People are ------- at a shelf of books.

(A) gazing
(B) browsing
(C) choosing
(D) finding

□ shelf 名 棚

2. (A) gazing

1. 選択肢には動詞の -ing 形が並んでいます。
2. 空欄の後ろには前置詞句があるだけで目的語がありません。
3. よって、ここには自動詞の gaze の -ing 形 gazing が入ります。gaze at X で「X をじっと見つめる」という意味です。choose「〜を選ぶ」、find「〜を見つける」は他動詞です。browse「〜にさっと目を通す・(買う気なしに)眺める」は at とつながりません。

訳▶ 人々は本棚をじっと見ている。

□ **gaze at X** X をじっと見る

感嘆などの気持ちを持って見るときによく使われますが、TOEIC では「じっと見る」で覚えておけば十分です。

関連語句 □ **stare at X** X をじっと見つめる
He's staring at the painting.
彼は絵画をじっと見つめている。

stare はボーッと見つめるときやじろじろ見るときにも使います。

「見る」に関する表現はたくさんあります。look at X「X(ある一点)を見る」、glance at X「X をちらっと見る」、face「〜の方向を向く」、examine「〜をよく見る・調べる」など。

Part 1 ではこういった視線に関する表現がよく出てきます。また face に関しては人に限らず The tracks are facing each other.「トラックが向き合っている」のようにモノが主語の場合もあります。

解答目標タイム **10** 秒

3.

Bicycles are ------- pieces of furniture.

(A) leaning on
(B) standing by
(C) opposed to
(D) firmed up

□ **furniture** 名 家具・建具・備品

 この語は不可算名詞で、数える場合は one piece of furniture、two piece<u>s</u> of furniture のように使います。Part 1では、こういった抽象的な表現が正解の選択肢によく出てきます。例えば、ギターが写っていたら instrument「楽器」というものが正解によく出てきます。

3. (A) leaning on

1. 選択肢には動詞＋前置詞／副詞が並んでいます。
2. 主語は bicycles「自転車」で、空欄の後ろには furniture「家具・備品」という名詞があります。
3. よって、(A) の lean on X「X にもたれかかる・立てかけてある」を入れれば「備品にもたれかかっている」で意味が通ります。stand by X は「X のそばに立つ・X を支持する (= support X)」、be opposed to X は「X に反対する (= object to X)」、firm up は「（だんだん）固まる」という意味です。

訳▶ 自転車が設備に立てかけてある。

☒ □ **lean on X**　X にもたれかかる・立てかけてある

関連語句　□ **lean against X**
The bicycle is leaning against the wall.
自転車が壁に立てかけられている。

□ **be propped up against X**
The bicycle is propped up against the pole.
自転車が柱に立てかけられている。

また、lean over X「X から身を乗り出す」というのもよく出てきます。He's leaning over the railing「彼は手すりから身を乗り出している」のような形で何度か出題されています。

解答目標タイム 10 秒

4.

The man is ------- a hat.

(A) setting about
(B) wearing out
(C) trying on
(D) fitting in

4. (C) trying on

1. 選択肢には、動詞＋前置詞／副詞の熟語が並んでいます。
2. 空欄の後ろの a hat「帽子」に注目します。
3. この語を目的語にとって意味が通るのは try on X「X を試着する」です。他の選択肢は set about X「X にとりかかる」、wear out X「X を使い古す」、fit in X「X をうまく入れる・X に合わせる・X をスケジュールに入れる」という意味です。(B) は wear「〜を着る」の進行形 wearing であれば正解になりえます。

訳▶ 男性は帽子を試着している。

 □ **try on X**　X を試着する

関連語句　□ **wear vs. put on**
どちらも「着る」と訳されますが、表す場面は違うので要注意です。wear は進行形にした場合「身につけている」状態を表します。

He's wearing a jacket.
彼はジャケットを着ている。

それに対して put on は進行形にした場合「身につけている途中」を表します。

He's putting on a jacket.
彼はジャケットを着ている最中だ。

服や帽子のほかに glasses「メガネ」もよく登場します。

5.

A group of people is ------- on a ship.

(A) giving
(B) boarding
(C) getting
(D) having

5. (C) getting

1. 選択肢には動詞の -ing 形が並んでいます。

2. 空欄の後ろに on a ship という前置詞句があることに注目します。

3. ここに getting を入れれば、get on X「X に乗り込む」という形が完成し文意が成立します。他の選択肢はすべて基本的に他動詞なので後ろに目的語をとらなければなりません。board「〜を乗り込む」は後ろに on がなければ正解になりえます。give は「〜を与える」、have は「〜を持つ」という意味です。

訳 ▶ 人々の一団が船に乗り込んでいる。

❌ □ get on X X に乗り込む

関連語句　□ board X

People are boarding the train.
人々は電車に乗り込んでいる。

> ほかにも go aboard X などがあります。また get on X の反対は get off X「X から降りる」で X にはバス、電車、船、飛行機などが来ます。X に車が来る場合は get in X「X に乗り込む」、get into X「X に乗り込む」、get out of X「X から降りる」のようになります。

解答目標タイム 15 秒

6.

Produce has been put ------- display outside the store.

(A) to
(B) for
(C) in
(D) on

□ **produce** 名 青果 類 fruit and vegetables
□ **outside X** Xの外に

6. (D) on

1. 選択肢には前置詞が並んでいます。
2. 空欄の前には be 動詞+put、後ろには名詞 display が来ています。
3. よって、ここに on を入れれば be put on display「展示されている・並べられている」というフレーズが完成します。

> on display「展示されて」は最近の TOEIC によく出てきています。

訳▶ 店の外に青果が並べられている。

□ be put on display 展示されている・並べられている

> 進行形の受け身 (be being done) vs. 完了形の受け身 (have been done) は、日本語ではどちらも「されている」という訳になる場合が多いですが、表す状況が異なるので違いを覚えておきましょう。

Some vegetables are being put on display.
野菜が並べられているところだ。
→ 野菜を誰かが今まさに並べている写真

Some vegetables have been put on display.
野菜が並べられている。
→ すでに野菜は並べ終わっているので、写真に並べている人は写っていなくてもよい

解答目標タイム **10** 秒

7.

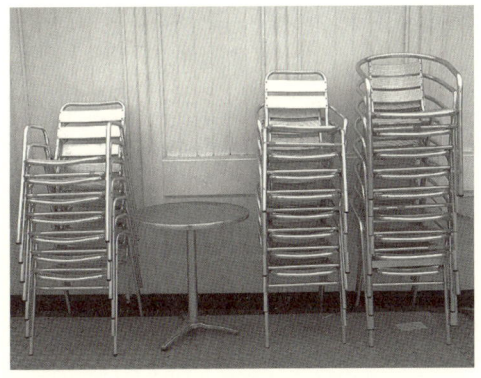

The chairs are stacked in a ------- against the wall.

(A) row
(B) length
(C) range
(D) form

- **stack** 動 〜を積む 類 pile
- **against the wall** 壁を背にして

7. (A) row

1. 選択肢には名詞が並んでいます。
2. 主語がイスであることと空欄の前の in a に注目します。
3. ここに、row「列」を入れれば in a row「一列に」というフレーズが完成します。他の選択肢は length「長さ」、range「範囲」、form「用紙」という意味です。

> be in a row の類義表現 be lined up「一列に並べられている」も覚えておきましょう。

訳▶ イスは積まれた状態で、壁沿いに一列に並べられている。

□ **in a row** 一列に

in a row には「連続して」という意味もあります。

She was absent from work for three days in a row.
彼女は3日連続で欠勤した。

> row、raw、low、law はややこしいですが意味が違うので注意してください。
>
> row [róu]　名 列　動 ～を漕ぐ
> raw [rɔ́ː]　形 生の
> low [lóu]　形 低い
> law [lɔ́ː]　名 法律

解答目標タイム 10 秒

8.

The stadium is ------- spectators.

(A) entered into
(B) composed of
(C) filled with
(D) allowed for

□ **spectator** 名 観客 類 audience

8.

1. 選択肢には、動詞＋前置詞が並んでいます。
2. 主語には stadium「スタジアム」、空欄の後ろには spectators「観客」が来ています。
3. よって、ここに filled with を入れれば be filled with X「Xでいっぱいだ」というフレーズが完成し意味が通ります。他の選択肢は enter into (a contract)「（契約）を結ぶ」、be composed of X (= consist of X)「Xから成っている」、allow for X「Xを考慮に入れる・Xという効果がある・Xを準備する」というフレーズをつくります。

訳▶ スタジアムにはたくさんの人がいる。

□ **be filled with X**　Xでいっぱいだ

水を入れている写真で The glass is being filled with water.「グラスに水が注がれている」という現在進行形の形で出題されたこともあります。

関連語句　□ **be full of X**

The glass is full of water.
コップは水でいっぱいだ。

The room is full of people.
その部屋には人がたくさんいる。

fill「～を満たす」と full「いっぱいの」はスペルが似ていることからもわかるように同じ語源の単語です。

9.

The table is ------- with plates of food.

(A) placed
(B) assembled
(C) located
(D) covered

9. (D) covered

1. 選択肢には動詞の -ed 形が並んでいます。
2. 空欄の前には is、後ろには with という前置詞があります。
3. よって、ここに (D) covered を入れて be covered with X「Xで覆われている」というフレーズを完成させればよいとわかります。place は place X＋前置詞句で「Xを〜に置く」、assemble は「〜を組み立てる」、locate「〜の場所を捜し出す」は be located〈前置詞句〉で「〜にある」という意味になります。

訳▶ テーブルには料理がたくさんある。

□ **be covered with X**　Xで覆われている

関連語句　□ **be covered in/by X**　Xで覆われている

> The tree is covered with/in snow.
> その木は雪で覆われている。

> The bay is covered by a thick fog.
> その入江は厚い霧に覆われている。

3つとも似たような意味ですが、by は「〜によって覆われる」という受け身のイメージ、with は「1つのカバー」で覆われているイメージ、in は dust「ちり」のような細かいものの中に埋もれているイメージです。

10.

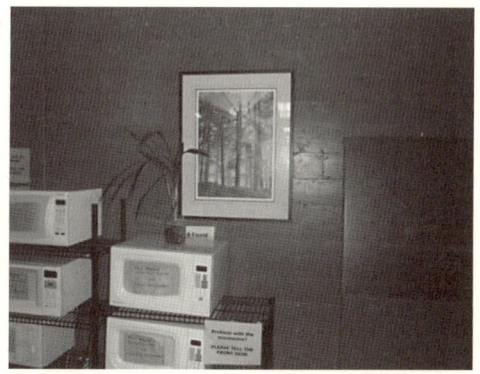

A painting has been hung ------- the wall.

(A) to
(B) at
(C) on
(D) of

□ **painting** 名 絵
□ **hang** 動 〜をかける・つるす
□ **wall** 名 壁

10.  (C) on

1. 選択肢には前置詞が並んでいます。

2. 空欄の前には be hung「かけられている・つるされている」、後ろには the wall「壁」という語があります。

3. よって、ここに「接触」を表す on を入れれば「壁にかけられている」となり意味が通ります。前置詞 on は on the desk「机の上に」のように「〜の上に」という意味で使われることが多いですが、接触を表す前置詞なので、on the wall「壁に（接触して）」、on the ceiling「天井に（接触して）」というようにも使われます。

訳 ▶ 壁に絵がかかっている。

□ **be hung on the wall**　壁にかけられている

関連語句　□ **be hanging on the wall**　壁にかかっている
A clock is hanging on the wall.
壁に時計がかかっている。

動詞 hung には他動詞・自動詞両方の用法があり、be hung は他動詞「〜をつるす・かける」の受身、be hanging は自動詞「かかる」の進行形です。

Part 1 に頻出のフレーズ20　031

🕐 解答目標タイム **10**秒　　　　　　　　　　　　　

11.

They are sitting ------- each other.

(A) across from
(B) around
(C) out of
(D) toward

□ **each other** お互い

11. (A) across from

1. 選択肢には前置詞と2語で前置詞の働きをする群前置詞が並んでいます。
2. 空欄の前には動詞 sit「座る」の進行形、後ろには each other「お互い」という名詞句があります。
3. よって、ここに across from X「Xの向かいに」を入れれば、sit across from each other「向かい合って座る」というフレーズが完成します。他の選択肢は around「〜の周りに」、out of「〜から・〜を離れて」、toward「〜に向かって」という意味です。

訳▶ 彼女たちは向かい合って座っている。

□ across from X　Xの向かいに

関連語句　□ across X　Xの向こう側に・Xを横切って
There is a store across the street.
道の向こう側にお店があります。

across の後ろには「横切らなければならない場所」が来ます。それに対して across from の後ろには、There is a store across from my house.「私の家の向かいにはお店がある」のように「対峙している物や人」が来ます。

12.

People are ------- items from a truck.

(A) researching
(B) revealing
(C) reducing
(D) removing

□ **item** 名 品目・商品

12. (D) removing

1. 選択肢には re- からはじまる動詞の -ing 形が並んでいます。

2. 空欄の後ろには items「品目」という名詞と from によって導かれる前置詞句が続いています。

3. よって、ここに removing を入れれば remove A from B「BからAを取り除く」というフレーズが完成します。他の選択肢は、それぞれ原形で research「〜を調査する」、reveal「〜を明らかにする」、reduce「〜を減らす」という意味です。

訳▶ 人々は荷物をトラックから降ろしている。

□ remove A from B   B から A を取り除く

関連語句

□ **unload** （荷物を）下ろす
People are unloading boxes from the truck.
人々はトラックから箱を下ろしている。

□ **load** （荷物を）積む
People are loading boxes onto the truck.
人々はトラックに箱を積んでいる。

13.

Tents have been ------- among the trees.

(A) set to
(B) set off
(C) set in
(D) set up

□ **among X**　Xの間に

13. (D) set up

1. 選択肢には set +前置詞／副詞のフレーズが並んでいます。
2. 空欄の前には been という be 動詞があるので、この set は過去分詞で受動態の文だとわかります。
3. 受動態の主語は能動態では目的語になるので、tent を目的語にとるフレーズが正解だとわかります。よって、set up X「Xを組み立てる」が適切です。set/put up a tent「テントを組み立てる」で覚えておきましょう。他の選択肢は be set to do「～する準備ができている・～することになっている」、set off「出発する」、set in X「Xにはめ込む」という意味です。

訳▶ 木々の間にテントが張ってある。

□ set up X　Xを組み立てる

> ほかにも set up は「～の手はずを整える・～の準備をする」= arrange という意味で TOEIC に出てきます。

Patrick set up the meeting.
パトリックが会議の手はずを整えた。

解答目標タイム 15秒

14.

The parking lot is ------- at the water's edge.

(A) reflected
(B) situated
(C) examined
(D) selected

□ **parking lot**　駐車場
□ **water's edge**　波打ち際

14. (B) situated

1. 選択肢には動詞の -ed 形が並んでいます。
2. 空欄の前には be 動詞、後ろには前置詞句が続いています。
3. さらに主語には parking lot「駐車場」という場所が来ているので、situated を入れて、be situated + 前置詞句「〜に位置している」というフレーズを完成させればよいとわかります。reflect「〜を反映する」、examine「〜を調べる」、select「〜を選ぶ」では意味が通りません。

訳▶ 駐車場は、波打ち際に位置している。

□ be situated + 前置詞句　〜に位置している

関連語句　□ **be located + 前置詞句**
The library is located in the center of town.
図書館は街の中央に位置している。

located は地図上でその場所を見ている感じで、situated は実際にその場所を見ているようなイメージです。

Part 1 に頻出のフレーズ 20

解答目標タイム **10** 秒

15.

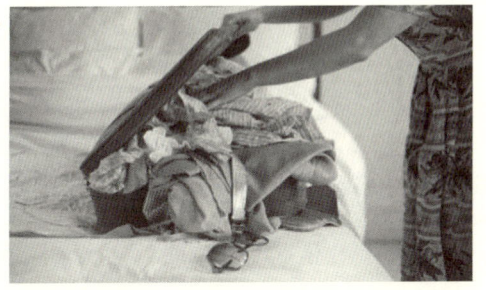

The woman is ------- into her suitcase.

(A) handing
(B) reaching
(C) pausing
(D) selecting

□ **suitcase** 名 スーツケース

15. (B) reaching

1. 選択肢には動詞の -ing 形が並んでいます。
2. 空欄の後ろには前置詞の into と her suitcase「彼女のスーツケース」が続いています。
3. よって、ここに (B) reaching を入れれば reach into X「X に手を突っ込む」というフレーズが完成します。reach は他動詞の「〜に着く」という意味が有名ですが、自動詞で「手を伸ばす」という意味でも使われます。他の選択肢は hand「〜を渡す」、pause「休止する」、select「〜を選ぶ」という意味です。

訳▶ 女性はスーツケースの中に手をさし込んでいる。

□ reach into X　X に手を突っ込む

関連語句　□ **reach for X**
X をとろうとする・X に手を伸ばす
She reached for a book on the desk.
彼女は机の上の本に手を伸ばした。

名詞の reach「(届く) 範囲」を使った within reach of X「X の手の届くところに」も有名なフレーズです。

16.

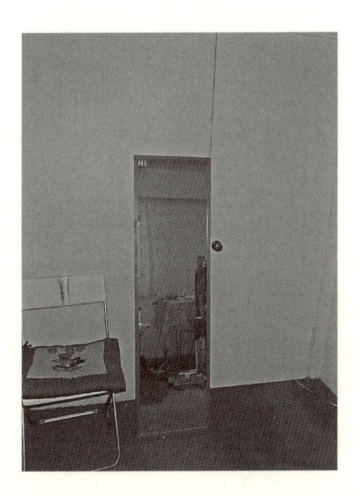

A mirror is ------- the chair and the door.

(A) between
(B) next
(C) among
(D) during

16. (A) between

1. 選択肢には位置に関する語が並んでいます。

2. 空欄の後ろには the chair and the door という A and B の形が来ています。

3. よって、between を入れて between A and B「A と B の間に」というフレーズをつくれば意味が通ります。next「次の」は next to X「X の隣に」という形であれば正解になりえます。among X「X の間に」の X の位置には漠然とした複数名詞が来ます。among young people「若者の間で」ということはできますが among Jane and Mike のように具体的な人や物を後ろに置くことはできません。during X は「X (時) の間」という意味です。

訳▶ 鏡がイスとドアの間にある。

☒ □ **between A and B**　A と B の間に

関連語句

□ **next to X**　X の隣に
There is a television next to the printer.
プリンターの隣にテレビがある。

□ **beside X**　X のそばに
There is a desk beside the bed.
ベッドのそばに机がある。

□ **near X**　X の近くに
There is a calendar near the table.
テーブルの近くにカレンダーがある。

17.

The man is ------- at a structure.

(A) indicating
(B) realizing
(C) pointing
(D) directing

□ **structure** 名 建築物・構造

17. (C) pointing

1. 選択肢には動詞の -ing 形が並んでいます。

2. 空欄の後ろには前置詞 at があります。

3. よってここに point(ing) を入れれば point at X「X を指さす」というフレーズが完成します。indicate は「〜を示す」、realize は「〜に気がつく・〜を実現する」、direct「〜を導く・〜を指揮する」という意味の動詞です。direct は direct A at B「A を B に向ける」という形であれば前置詞 at と結びつくことができます。indicate は他動詞なので、前置詞 at にはつながりません。

訳▶ 男性は建築物を指さしている。

□ **point at X** Xを指さす

関連語句
□ **direct A at B** A を B に向ける
物理的な状況を表す場合も、比ゆ的に使われる場合もあります。

Alene directed an arrow at the target.
アリーンは矢を標的に向けた。

Marina directed her criticism at Elia.
マリーナはイライアを非難した。

解答目標タイム 15 秒

18.

The boxes have been ------- in the corridor.

(A) taken up
(B) set forth
(C) made out
(D) piled up

□ **corridor** 名 廊下　類 hallway

18. (D) piled up

1. 選択肢には動詞＋副詞の熟語が並んでいます。
2. 主語には boxes「箱」が来ています。
3. よって、ここに pile up「〜を積み重ねる」の受け身の形を入れれば「箱が廊下に積み重ねられてある」となり意味が通ります。take up は「〜を取り上げる・（時間・場所）を占める・（仕事を）始める」、set forth は「〜を公にする・出発する」、make out は「〜を理解する・〜をつくり上げる・うまくやる」という意味の熟語です。

訳▶ 廊下に箱が積み重ねられている。

□ **be piled up** 積み重ねられている

関連語句 □ **be stacked**

The boxes are stacked neatly.
箱はきちんと積み上げられている。

pile と stack はどちらも「〜を積み重ねる」という意味の動詞と「積み重ね」という意味の名詞があります。pile は「山積み」のイメージで stack はどちらかというときちんとした「積み重ね」のイメージです。なので、rice「米」や sand「砂」は pile にはなれますが stack にはなれません。

19.

The man is ------- a beverage into a cup.

(A) pouring
(B) adjusting
(C) rejecting
(D) applying

□ **beverage** 名 飲み物

19. (A) pouring

1. 選択肢には動詞の -ing 形が並んでいます。

2. 空欄の後ろには a beverage「飲み物」、その後ろには into ＋名詞が続いています。

3. よって、ここに pour(ing)「～を注ぐ」を入れれば pour A into B「A を B に注ぐ」というフレーズが完成します。adjust「調整する」は adjust A to B の形で「A を B に合わせる」という意味になります。reject は「～を拒む」という意味の動詞です。apply は非常に多くの意味があり、apply for X「X（職）に応募する」、apply to X「X（会社など）に応募する・X に適用する」、apply A to B「A を B に適用する・A（絵の具など）を B に塗る」など様々な形で TOEIC に出題されています。

訳 ▶ 男性はカップに飲み物を注いでいる。

□ **pour A into B**　A を B に注ぐ

関連語句　□ **fill A with B**　A を B でいっぱいにする
Angela is filling a cup with coffee.
アンジェラはカップにコーヒーを注いでいる。

解答目標タイム 15 秒

20.

One woman is ------- out documents to the participants.

(A) getting
(B) letting
(C) throwing
(D) passing

□ **document** 名 書類　類 paper
□ **participant** 名 出席者・参加者　類 attendee

20. (D) passing

1. 選択肢には動詞の -ing 形が並んでいます。
2. 空欄の後ろには out という副詞と documents「書類」が来ています。
3. よって、ここに pass(ing) を入れれば pass out「～を配る」というフレーズが完成します。get out は「出ていく」、let out は「～を広げる・～を自由にする」、throw out は「～を外に投げ出す・～を追い出す」という意味です。

訳▶ 女性は出席者に書類を配っている。

□ pass out　～を配る

関連語句　□ **hand out**

Tracey is handing out some papers.
トレイシーは書類を配っている。

□ **distribute**

Anita is distributing some drinks.
アニータは飲み物を配っている。

pass out には「気絶する」という意味もあります。

Part 2 に頻出の
フレーズ **16**

目標解答タイムの目安

4分30秒

グルグル 記録のまとめ欄

	実施日	正解数
1 (1回目)	月　日～　月　日	/16
2 (2回目)	月　日～　月　日	/16
3 (3回目)	月　日～　月　日	/16
4 (4回目)	月　日～　月　日	/16
5 (5回目)	月　日～　月　日	/16

⏰ 解答目標タイム **15**秒 ▶02

1. *Woman:* When is the sales convention going to take ------- this year?

Man: I heard it was in mid-May.

(A) place
(B) effect
(C) action
(D) charge

□ **sales convention** 販売会議
□ **mid-May** 5月中旬

1. (A) place

1. 選択肢には名詞が並んでいます。
2. どれも take と相性がいい名詞なので文意をとります。
3. 主語は sales convention「販売会議」なので、place を入れて take place「行われる・起こる」というイディオムをつくれば意味が通ります。他の選択肢は take と結びついて、take effect「施行される・効果がある」、take action「行動を起こす」、take charge「担当する」という意味になります。

訳▶ 女性：今年はいつ販売会議が行われるのですか？
男性：5月中旬だと聞きました。

□ **take place** 行われる・起こる

関連語句 □ **be held**

The meeting is held every Monday.
会議は毎週月曜日に行われる。

take place と be held の言い換えは Part 7でも頻出です。ほかにも「起こる」の意味では happen や occur でも言い換えできます。

⏰ 解答目標タイム 15 秒

2. *Man:* ------- you like a copy of my notes from the meeting?

　Woman: Yes please. I wasn't able to attend it.

(A) Are
(B) Do
(C) Would
(D) Have

□ **note** 名 記録・メモ
□ **attend** 動 〜に参加する

2. (C) Would

1. 選択肢には助動詞が並んでいます。

2. 助動詞の Have を入れる場合、動詞は like ではなく liked と過去分詞にならなければならないのでダメです。Are を入れると like は「〜のような」という意味の前置詞になってしまうので「あなたはコピーみたい (な人) ですか？」というわけのわからない文になってしまいます。

3. Do と Would はどちらも意味が通りますが、次の女性の発言に Yes please.「はい、お願いします」とあるので Would you like X…?「X がほしいですか？」というフレーズをつくればよいとわかります。Do you like だと「コピーが好きですか？」という意味になってしまうので Yes please. とつながりません。

訳▶ 男性：会議のメモのコピーがほしいですか？
女性：お願いします。私は参加できなかったんですよ。

□ Would you like X…? Xがほしいですか

would like と want

would like は want の丁寧版のようなものなので Would you like X? は Do you want X? のように言い換えることができます。ほかにも、「〜したい」I would like to do… ≒ I want to do…、「〜したいですか？」Would you like to do? ≒ Do you want to do?、「X に〜してほしい」would like X to do… ≒ want X to do… などと言い換えることができます。

3. *Woman:* ------- asking Jeff Miller to speak at the conference?

Man: I heard he's going to be out of town until September.

(A) Why not
(B) How about
(C) How come
(D) What for

□ **ask X to do**　Xに〜するよう頼む
□ **until X**　Xまで（ずっと）

3. (B) How about

1. 選択肢には疑問詞を含む2語のフレーズが並んでいます。
2. 空欄の後ろには asking という動詞の -ing 形が来ていることに注目します。
3. この形(動名詞)をとることができるのは How about です。How about 名詞／動名詞？で「～(するの)はどうですか？」という意味になります。Why not は後ろに動詞の原形を置いて「～したらどうですか？」という意味になります。例: Why not go to London?「ロンドンに行ったらどうですか？」How come は後ろに主語＋動詞をとり「なぜ～なのですか？」という意味になります。例: How come you are going to London?「なぜロンドンに行くのですか？」What for は単独で用いて What for?「何のために？」、for を文末に置き「～するのは何のためですか？・なぜ～するのですか？」という意味になります。例: What are you going to London for?「なぜロンドンに行くのですか？」

訳▶ 女性：ジェフ・ミラーに会議で話すよう頼んでみるのはどうですか？
男性：彼は9月まで町を離れていると聞きました。

□ **How about X/doing?** X (/するの) はどうですか？

類偽表現 What about X/doing?「X (/するの) はどうですか？」も覚えておきましょう。

関連語句 □ **How/What about you?**
あなたはどうですか
I'd like to go to the Chinese restaurant. How about you?
私は中華料理店に行きたいです。あなたは？

⏰ 解答目標タイム 20 秒

▶02

4. *Man:* ------- get together next week to discuss the plan?

Woman: I think that would be fine, but let me check my schedule.

(A) Who do we
(B) Where can we
(C) When should we
(D) Why don't we

□ **get together** 会う・集まる
□ **let X do** Xに〜させてあげる

4. (D) Why don't we

1. 選択肢には、疑問詞＋助動詞＋ we の形が並んでいます。

2. 返答の文は I think that would be fine「それで大丈夫だと思います」とあるので、空欄のある文は「誰？ どこ？ いつ？ なぜ？」という WH 疑問文では意味が通りません。

3. よって、Why don't we do?「～しませんか？ ～したらどうですか？」のフレーズをつくる Why don't we を入れればよいとわかります。

訳▶ 男性：計画について話し合うために来週集まりませんか？
女性：大丈夫だと思いますが、スケジュールを確認させてください。

❌ □ **Why don't we do?**
～しませんか？ ～したらどうですか？

関連語句　□ **Let's do** ～しましょう
Let's call it a day.
今日の仕事はここまでにしましょう。

call it a day「仕事を切り上げる」も覚えておきましょう。

解答目標タイム 15秒

5. *Man:* Would you mind ------- me a big favor this afternoon?

Woman: Sure, if I have time.

(A) having
(B) taking
(C) doing
(D) making

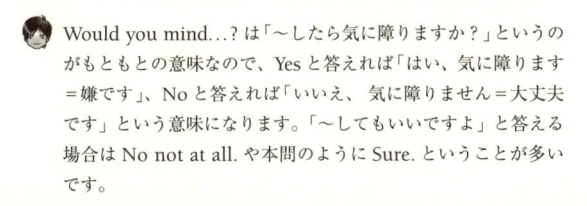

Would you mind...? は「〜したら気に障りますか？」というのがもともとの意味なので、Yes と答えれば「はい、気に障ります＝嫌です」、No と答えれば「いいえ、気に障りません＝大丈夫です」という意味になります。「〜してもいいですよ」と答える場合は No not at all. や本問のように Sure. ということが多いです。

5. (C) doing

1. 選択肢には中学校で習う基本動詞の -ing 形が並んでいます。

2. 空欄の後ろには me と a ... favor という名詞が2つ並んでいます。

3. よって、ここに do(ing) を入れれば do X a favor「X に手を貸す・X の頼みを聞く」という頻出フレーズが完成します。Can you do me a favor?/Would you do me a favor?「ちょっとお願いしてもいいですか?」という形でもよく登場します。

訳▶ 男性:今日の午後にちょっとした頼みごとをしてもいいですか。
女性:いいですよ。時間があればですが。

□ **do X a favor**　X に手を貸す・X の頼みを聞く
類 do a favor for X

関連語句
□ ask X a favor
ask a favor of X
X に頼みごとをする

Can I ask you a favor?
Can I ask a favor of you?
お願いしてもいいですか?

解答目標タイム **10**秒

6. *Woman:* I was ------- if you could reschedule the meeting.

Man: That might be difficult with so many people coming from other states.

(A) thinking
(B) wondering
(C) feeling
(D) assuming

□ **reschedule** 動 ～の予定を変更する
□ **with + X + α** Xが～な状態で・Xが～なので
 （αには分詞・形容詞・前置詞句などが入ります）
□ **state** 名 州

6. (B) wondering

1. 選択肢には動詞の -ing 形が並んでいます。
2. 空欄の後ろには if のかたまりが来ています。この if を「もし〜ならば」の if だとどの選択肢を入れても文意が成立しません。なので、これは「〜かどうか」という意味の名詞節をつくる if だと判断します。
3. よって、wondering を入れて I was wondering if you could do?「〜していただいてもよいでしょうか?」という丁寧な依頼の表現をつくればよいとわかります。wonder は、wonder if「〜ではないかと思う」のように、if 節や what や when といった WH 節を目的語にとれますが、that 節を目的語にとることはできません。反対に think「〜を思う」は that 節を目的語にとりますが、if 節や WH 節を目的語にとることはできません。feel「〜を感じる」や assume「〜だと仮定する」なども基本的には that 節をとります。

訳▶女性:会議の予定を変更していただいてもよいでしょうか?
　　男性:他の州から多くの人たちが来るので難しいかもしれません。

□ I was wondering if you could/might do... していただいてもよいでしょうか?

関連語句　□ **Would you mind if SV (過去形) …?**
S が V してもよろしいですか?

Would you mind if I called you back later?
あとでかけ直してもよろしいですか?

⏰ 解答目標タイム **20**秒 　　　　　　　　　▶02

7. *Woman:* Could you help me prepare tomorrow's presentation?

　Man: I'm sorry, but I am ------- to go to the airport to meet the regional manager.

(A) refused
(B) decided
(C) supposed
(D) applied

- **Can you do...?** 〜してくれますか？
- **help X do** Xが〜するのを手伝う
- **prepare** 動 〜を準備する
- **regional manager** 地域担当マネジャー

7. (C) supposed

1. 選択肢には動詞の -ed 形が並んでいます。

2. 空欄の前には be 動詞の am、後ろには to go という to 不定詞があります。

3. この形をとることができるのは選択肢の中で supposed だけです。be supposed to do で「～することになっている」という意味になります。suppose 自体には「～と仮定する」という意味もあります。refuse は能動態で refuse to do 「～することを拒む」の形で使われます。decide は decide to do「～すると決める」を覚えておきましょう。類語の determine は be determined to do「～すると決心している」という形で使うことができます。be applied to X「X に適用される」という形はありますが、この to は前置詞なので、to の後ろには名詞が来ます。

訳▶ 女性：明日のプレゼンテーションの準備を手伝ってくれますか？
男性：すみません、地域担当マネージャーに会うために空港に行くことになっているんです。

□ be supposed to do ～することになっている

関連語句　□ **be required to do** ～することを要求される
All employees are required to attend the meeting.
全社員がその会議に出席しなければならない。

be expected to do「～することを期待される」も一緒に覚えておきましょう。

解答目標タイム 20 秒

8. *Man:* I'm going to book the train tickets for our trip to New York.

Woman: I would ------- fly there because we don't have much time.

(A) rather
(B) better
(C) further
(D) prefer

□ **book** 動 〜を予約する

8. (A) rather

1. 選択肢には -er で終わる語が並んでいます。
2. 空欄の前には助動詞の would、後ろには fly という動詞の原形が来ています。
3. よって、ここに rather を入れて、would rather do「～するほうがよい」というフレーズを完成させればよいとわかります。better は would ではなく had とともに用いて had better do「～するほうがよい」の形であれば正解になりえます。prefer を置く場合は would prefer doing/to do「～するほうがよい」のようになるので、動詞の原形を後ろに置くことはできません。further「さらに (遠く・遠い)」は far「遠い・遠く」の比較級です。

訳▶ 男性：ニューヨーク旅行のチケットを予約しに行きます。
女性：私たちはそんなに時間がないので飛行機で行きたいです。

□ **would rather do** ～するほうがよい

関連語句　□ **would rather not do** ～しないほうがよい
この構文は、否定語 not の位置にも要注意です。
I would rather not eat out tonight.
今夜は外食したくありません。

TOEIC のパート 2 では、had と would はどちらも短縮形 S'd (I'd better、I'd rather) の形で出てくることが多いです。

⏰ 解答目標タイム 25 秒 ▶02

9. *Man:* ------- do you expect the construction of the new factory to take?

Woman: At least another three months.

(A) How far
(B) How long
(C) How soon
(D) How much

□ **expect X to do**　Xが〜すると予期する
□ **construction**　名 建設・工事
□ **factory**　名 工場
□ **at least**　少なくとも
□ **another X**　もうX

9. (B) How long

1. 選択肢には How を含む疑問詞のフレーズが並んでいます。

2. 女性の返答から時間に関する疑問詞がここに入るとわかります。

3. さらに、空欄のある文の構造をとると、you expect the construction ... to take?「工事が take すると予期する」となっているとわかります。この take に注目することができれば How long「どのくらいの期間」を選ぶことができます。How long will it take to construct the new factory?「その新しい工場を建設するにはどのくらいの時間がかかりますか?」のように、期間を表す語句は take と相性がいいことを覚えておきましょう。How far は「どのくらいの距離」、How soon は「あとどれくらいで」、How much「どのくらい・いくら」という意味です。

訳▶ 男性：新しい工場の建設にはどのくらいの時間がかかると思いますか?
女性：少なくともあと3カ月はかかります。

□ **How long**　どのくらいの期間

関連語句　その他の How を含む疑問詞
　　□ **How often**　どのくらいの頻度で

　　How often do you exercise?
　　どのくらいの頻度で運動しますか。

How many「いくつの・どれくらいの数の」も重要表現です。

⏰ 解答目標タイム **15**秒　　　　　　　　　　▶02

10. *Woman:* Let's postpone the barbecue until it gets warmer.

　Man: That ------- like a good idea. I didn't anticipate that this cold weather would continue for so long.

(A) hears
(B) explains
(C) makes
(D) sounds

□ **postpone A until B**　AをBまで延期する
□ **anticipate X to do**　Xが〜すると予期する
□ **continue**　動 続く

10. (D) sounds

1. 選択肢には動詞の三人称単数形が並んでいます。
2. 空欄の前には That、後ろには like a good idea という前置詞句があります。
3. よって、ここに sounds を入れれば That sounds like a good idea.「それはいい考えですね」という TOEIC 頻出のフレーズができ上がります。hear「〜を聞く・〜が聞こえる」、explain「〜を説明する」、make「〜をつくる」は、通常、他動詞なので後ろに目的語をとります。

訳▶ 女性：暖かくなるまでバーベキューは延期しましょう。
男性：それはいいアイデアですね。この寒い天候がこんなに長く続くとは思っていませんでした。

□ **Sounds like a good idea.** いい考えですね

関連語句 □ **Sounds good/fine/okay.**
いいと思いますよ

look「〜のように見える」と sound「〜のように聞こえる」の後ろに形容詞を置く場合は It looks good. のように動詞の直後に置きます。名詞を置く場合は、It looks like a dog.「それは犬のように見える」のように直前に前置詞 like を置かなければなりません。

解答目標タイム 20 秒 ▶02

11. *Woman:* I'd like to talk with someone about having a garage constructed.

Man: We'd be ------- to come to your office to provide a quote.

(A) astonished
(B) happy
(C) appreciated
(D) careful

□ **would like to do** 〜したい
□ **talk with A about B** AとBについて話す
□ **have X done** Xを〜してもらう
□ **garage** 名 ガレージ
□ **construct** 動 〜を建てる
□ **quote** 名 見積もり 類 estimate

11. (B) happy

1. 選択肢には形容詞が並んでいます。

2. 空欄の前には be 動詞、後ろには to 不定詞が来ています。よって、be astonished to do「〜して驚く」、be happy to do「喜んで〜する」、be careful to do「〜するよう注意する」に絞られます。

3. 女性の最初の発言に、「ガレージの工事について誰かと話をしたい」とあるので、happy を入れて「喜んでお伺いいたします」と返答すれば意味が通ります。TOEIC では本問のように be の前に would のついた would be happy to do の形がよく出てきます。appreciated は「高く評価された・感謝された」という意味です。

訳▶ 女性：ガレージの工事についてどなたかとお話をしたいのですが。
男性：見積もりを出しにオフィスに喜んでお伺いいたします。

□ **be happy to do**　喜んで〜する

関連語句　□ **be delighted to do**
喜んで〜する
I'd be delighted to accept the offer.
喜んでオファーをお受けします。

⏰ 解答目標タイム 15秒   ▶02

12. *Man:* Why is it taking so long to build the new office?

Woman: I have no ------- what's causing the construction delays.

(A) idea
(B) reason
(C) message
(D) desire

□ **it takes X to do** 〜するのにX（時間）かかる
□ **cause** 動 〜を引き起こす
□ **delay** 名 遅れ

12. (A) idea

1. 選択肢には名詞が並んでいます。
2. 空欄の前には have no、後ろには what 節があります。
3. よって、idea を入れれば have no idea「〜かわからない」= do not know というフレーズが完成します。この句は後ろに WH 節を直後に置くことができるのが特徴です。他の選択肢は reason「理由」、message「メッセージ」、desire「望み・欲望」という意味です。

訳▶ 男性：新しいオフィスをつくるのになぜこんなに時間がかかっているのですか？
女性：なぜ工事に遅れが出ているのかわかりません。

❌ □ **I have no idea.** わかりません

関連語句
□ **I don't know.** わかりません。
□ **I have no clue.** さっぱりわかりません。
□ **I'm not sure.** ちょっとわかりません。

こういった「わからない」といった返答のほかにも Why don't you ask X?「X に聞いてみたらどうですか？」、I think X knows that.「X が知っていると思います」のように他人任せの返答が Part 2 では正解としてよく出てきます。

⏰ 解答目標タイム 20 秒　　▶02

13. *Woman:* Something seems to be ------- with the photocopier.

Man: Why don't you try the one on the third floor?

(A) broken
(B) issued
(C) wrong
(D) current

- □ **seem to do**　〜するようだ　類 appear to do
- □ **photocopier**　名 コピー機　類 copy machine
- □ **Why don't you do?**　〜したらどうですか

13. (C) wrong

1. 選択肢には動詞の過去分詞と形容詞が並んでいます。
2. 主語には Something、空欄の後ろには with の前置詞句が来ています。
3. よって、ここに wrong「間違った・故障した」を入れれば Something is wrong with X.「X は何かがおかしい」というフレーズが完成します。本問では be 動詞の部分が seem to be「〜のようだ」になっています。broken「壊れた」を入れる場合は The photocopier is broken. とならなければなりません。issue は「〜を発行する」という意味です。名詞の issue に「問題（点）」という意味があるのでこれを使ったひっかけです。current は形容詞で「現在の・現在流行している」、名詞で「流れ」という意味になります。

> 本問のように、最初の発言が平叙文で、返答が疑問文という通常と逆のパターンも Part 2 では出題されます。

訳▶ 女性：コピー機が故障しているみたいなんです。
男性：3階のものを使ってみたらどうですか？

▢ Something is wrong with X.
X は何かがおかしい。

関連語句　▢ **out of order** 故障している
The elevator is out of order.
エレベーターは故障中です。

> be broken down「故障している」、X is not working/ functioning「X は動いていない」なども覚えておきましょう。コピー機やプリンターの故障という場面は TOEIC によく出てきます。

解答目標タイム 15秒

14. *Man:* What color would you like to use on the new brochure?

Woman: That decision is ------- to you.

(A) up
(B) down
(C) over
(D) through

□ **would like to do** 〜したい
□ **brochure** 名 パンフレット
□ **decision** 名 決定

14. (A) up

1. 選択肢には前置詞・副詞が並んでいます。
2. 空欄の前には be 動詞、後ろには to という前置詞と you が来ています。
3. よって、up を入れれば be up to X「X 次第だ」というフレーズが完成します。down to X は「X まで(下がって)」という意味で、down to the centimeter「1 センチ単位まで」、down to this day「今日に至るまで」といった使われ方をします。over X は「X を超えて・X の上に」、through X は「X を通って」という意味です。

訳▶ 男性：新しいパンフレットには何色を使いたいですか？
女性：決定はあなたに任せます。

□ be up to X　X 次第だ

関連語句　□ **depend on X**　X 次第だ
The travel time depends on the weather.
移動時間は天候次第だ。

be dependent on X という表現もあります。

解答目標タイム **10** 秒

15. Man: You seem to be ------- with the training program for the new staff.

Woman: Yes, Mr. White has insisted that I get it done before next week.

(A) taken
(B) familiar
(C) busy
(D) lost

- **seem (to be) X**　Xのようだ
- **training program**　研修プログラム
- **insist that SV**　SがVだと主張する

15. (C) busy

1. 選択肢には過去分詞と形容詞が並んでいます。
2. 空欄の前には be 動詞、後ろには with があります。よって、be familiar with X「X に精通している」か be busy with X「X で忙しい」に絞られます。
3. 女性の返答を見ると「ホワイトさんから今週中に終わらせるように言われている」とあるので、busy を入れて「研修プログラムにかかりきりで忙しい」とすれば意味が通ります。taken は take「～を持っていく・連れていく」の過去分詞、lost は lose「～を失う」の過去形もしくは過去分詞です。be/get lost「道に迷う」はリスニングパートによく出てきます。

訳▶ 男性：新しいスタッフの研修プログラムで忙しそうですね。
女性：はい、ホワイトさんに、今週中に終わらせるようにと強く言われたんです。

□ be busy with X　X で忙しい

関連語句　□ **be tied up with X**　X で忙しい
　　　　　　□ **occupied with X**　X から手が離せない

familiar の語法

選択肢に出てきた familiar は語法が少しややこしいです。

人 + is familiar with X「人が X に精通している」
Simon is familiar with the game of hockey.
サイモンはホッケーのことをよく知っている。

X is familiar to + 人「X は人によく知られている・X は人にとって見覚えがある」
His face seems very familiar to me.
彼の顔は見覚えがある。

⏰ 解答目標タイム **20** 秒

16. *Woman:* We've ------- out of stock in several departments.

Man: That's unfortunate because the next shipment won't arrive until Thursday.

(A) set
(B) cut
(C) let
(D) run

□ **several** 形 いくつかの
□ **unfortunate** 形 残念な・間が悪い
□ **shipment** 名 出荷

16. (D) run

1. 選択肢には原形と過去分詞が同じになる動詞が並んでいます。

2. 空欄の前には have の縮約形があるので、ここには現在完了形をつくる過去分詞が入るとわかります。さらに、空欄の後ろには out of stock という前置詞句があります。

3. よってここに run を入れて run out of X「Xを切らす」というフレーズをつくれば have run out of stock「在庫を切らしている」となり意味が通ります。ほかの選択肢は out とともに用いて cut out「〜をやめる」、set out「〜をし始める」、let out「〜を外に出す」という意味になります。

訳▶ 女性：いくつかの部署では在庫を切らしているようです。
男性：それは間が悪いですね。木曜日まで次の入荷はされないんですよ。

□ run out of X　Xを切らす

関連語句　□ **run short of X**　Xが不足する
We're running short of copy paper.
コピー用紙がなくなってきています。

out of stock「在庫切れ」というフレーズも重要表現です。また、We're running out of time.「時間がなくなってきています」のように run out of は進行形でもよく使われます。

Part 3

Part 3に頻出の
フレーズ 24

目標解答タイムの目安

8分25秒

グルグル 記録のまとめ欄

	実施日	正解数
1(1回目)	月 日～ 月 日	/24
2(2回目)	月 日～ 月 日	/24
3(3回目)	月 日～ 月 日	/24
4(4回目)	月 日～ 月 日	/24
5(5回目)	月 日～ 月 日	/24

⏰ 解答目標タイム **25**秒　　　▶03

1. *Man:*　How much longer will you be working ------- the Townsend Motors contract?

Woman:　I think it'll take about two more weeks. We're waiting for some legal advice.

(A) in
(B) on
(C) by
(D) for

☐ **contract**　名 契約
☐ **it takes X**　X時間かかる
☐ **legal advice**　法律上の助言

1. (B) on

1. 選択肢には前置詞が並んでいます。
2. 空欄の前には working という動詞、後ろには the ... contract「契約」という名詞が来ています。
3. よって、ここに on を入れれば work on X「Xに取り組む」という TOEIC 頻出のフレーズができあがり、文意が成立します。空欄の後ろに Townsend Motors という会社名があるので contract を見逃してしまうと in「〜の中で」、by「〜のそばで」という場所を問うている問題だと勘違いしたり、work for X「Xで働いている」の for を選んでしまったりします。

訳▶ 男性：タウンセンド・モーターズ社の契約に、あとどれくらい取り組む予定ですか？
女性：あと2週間くらいかかると思います。法律上の助言を待っているんです。

□ **work on X**　Xに取り組む

関連語句　□ **make a contract**　契約を結ぶ
Johnny made a contract with FCS, Inc.
ジョニーは FCS 社と契約を結んだ。

extend a contract「契約を延長する」、fulfill/perform a contract「契約を履行する」など様々な動詞とともに使われます。

2. *Woman:* Jeff, would you be able to listen to my presentation and give me some -------?

Man: I'd be happy to, Bettina, but I'm going to be really busy this afternoon.

(A) format
(B) feedback
(C) association
(D) purpose

□ **be able to do** 〜できる
□ **I'd be happy to.** 喜んで

2. (B) feedback

1. 選択肢には名詞が並んでいます。

2. 空欄のある文は would you be able to do?「〜していただくことは可能ですか？」という依頼の文になっています。今回はその do の部分に listen と give という2つの動詞が来ています。

3. プレゼンテーションを聞いてもらったあとにもらうのは feedback「フィードバック・意見・反応」です。give X feedback「X にフィードバックする」という意味です。Part 3 では、他人に意見を求める場面が非常によく出てきます。他の選択肢は format「書式・形式」、association「つながり・提携」、purpose「目的」という意味です。

訳▶ 女性：ジェフ、私のプレゼンテーションを聞いて、フィードバックをしていただくことは可能ですか？
男性：ベティーナ、お手伝いしたいのですが、今日の午後はとても忙しいんです。

□ **give X feedback** X にフィードバックをする

関連語句　□ **give X comments** X に意見を述べる
I gave Jane some comments on her project.
ジェーンに彼女のプロジェクトに関して意見を述べた。

類義表現に give X an opinion というのもあります。

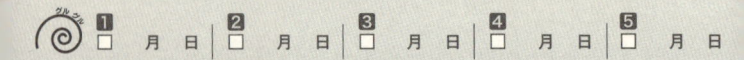

⏰ 解答目標タイム **25** 秒　　　　　　▶03

3. *Man:* I've been analyzing this data all month, and I'm completely exhausted.

Woman: Why don't you take a day ------- tomorrow to recuperate?

(A) off
(B) back
(C) out
(D) away

□ **analyze** 動 〜を分析する
□ **all month** 1カ月間ずっと　類 all day 1日中
□ **completely** 副 完全に
□ **be exhausted** 疲れ切っている
□ **recuperate** 動 回復する

3. (A) off

1. 選択肢には副詞が並んでいます。
2. 空欄の前には take a day という動詞句があります。
3. よって、off を入れれば take a day off「1日休みをとる」というフレーズが完成します。他の選択肢も take と相性がよく、take back「～を取り戻す」、take out「～を持ち出す・～を持って帰る」、take away「～を取り去る・～を片づける」という熟語をつくります。

訳▶ 男性：このデータを1ヵ月ずっと分析していて、完全に疲れ切っています。
女性：元気になるために明日休みをとったらどうですか？

❎ □ **take X day(s) off** X日間休みをとる

関連語句 □ **take a leave of absence** 休暇をとる
Mike took a three-day leave of absence from his job.
マイクは3日間の休暇をとった。

leave には sick leave「病気休暇」のように「休暇」の意味があることを覚えておきましょう。take a vacation/holiday「休暇をとる」も要チェックです。

⏰ 解答目標タイム 20 秒　　　(▶03)

4. *Woman:* I'd like to send some parcels to Canada by express mail.

　Man: Please ------- out this form and then bring the parcels to the counter so that I can weigh them.

(A) write
(B) include
(C) deliver
(D) fill

□ **parcel** 名 小包
□ **by express mail** 速達で
□ **so that SV** SがVするために
□ **weigh** 動 〜を量る

4. (D) fill

1. 選択肢には動詞が並んでいます。
2. 空欄の後ろには out という副詞、さらに this form「この用紙」が続いています。
3. よって、ここに fill を入れて、fill out a form「用紙を記入する」というフレーズをつくればいいとわかります。write「～を書く」は form を目的語にとれません。include は「～を含める」という意味で be included in X「X に含まれている」というフレーズは重要表現です。deliver は「～を配達する」という意味です。

訳▶ 女性：カナダにいくつか小包を速達で送りたいのですが。
男性：この用紙に記入して、重さを量るのでカウンターまで小包を持ってきてください。

□ fill out X　Xを記入する

関連語句　□ complete a form
Please complete the form and send it back to us.
用紙を記入後、ご返信ください。

fill in X というのも同義表現ですが TOEIC では fill out が好まれます。

⏰ 解答目標タイム 20 秒　　　　　　　　　▶03

5. *Woman:* Can you give me an update on the construction of the dam in Brazil?

　Man: Actually, I don't know anything about it. Bill is in ------- of that project now.

(A) charge
(B) lead
(C) responsibility
(D) top

☐ **update**　名 最新情報
☐ **actually**　副 実は

5. (A) charge

1. 選択肢には名詞が並んでいます。
2. 空欄の前には in、後ろには of が来ていることに注目します。
3. ここに charge を入れれば in charge of X「X を担当して」という TOEIC 頻出フレーズが完成します。日本語訳で解こうとすると lead「先導」、responsibility「責任」、top「頂点」はどれもよさそうに思えます。

訳▶ 女性：ブラジルのダム建設についての最新情報をいただけますか？
男性：実は何も知らないんです。ビルが現在のプロジェクト責任者です。

□ be in charge of X
X を担当している・X の責任がある

関連語句　□ **be responsible for X**　X の責任がある
Alex is responsible for the seminar.
アレックスがセミナーの責任者です。

ほかにも take charge of X「X を監督する」、lead「〜を率いる」などという言い換えが考えられます。

⏰ 解答目標タイム **20** 秒

▶03

6. *Man:* I'm looking for the key to the storeroom. Have you seen it?

Woman: I think Melanie has it, but she's out ------- the office right now.

(A) of
(B) to
(C) off
(D) since

□ **look for X** Xを探す
□ **key to X** Xの鍵
□ **storeroom** 名 倉庫
□ **right now** 今

6. (A) of

1. 選択肢には前置詞が並んでいます。
2. 空欄の前には is の縮約形と out という副詞、後ろには the office という名詞があります。
3. よって、ここに of を入れれば、be out of the office「(オフィスから) 外出している」というフレーズが完成します。since は「〜から」と訳されますが、since yesterday「昨日から」のように、空間ではなく時間表現とともに使います。

訳▶ 男性：倉庫の鍵を探しているのですが、見かけましたか？
女性：メラニーが持っていると思いますが、彼女は現在オフィスにおりません。

□ out of the office (オフィスから)外出して

関連語句　□ away from the office
He's currently away from the office.
彼はただいま外出しております。

ほかにも He's not in the office. などということもできます。

解答目標タイム **20**秒

7. *Woman:* When do we have to ------- in our quarterly reports?

Man: I'm not sure. To be honest, I haven't even started writing mine yet.

(A) close
(B) look
(C) keep
(D) turn

□ **quarterly report** 四半期報告書
□ **I'm not sure.** よくわかりません。
□ **to be honest** 正直なところ
□ **not yet** まだ〜ない

7. (D) turn

1. 選択肢には動詞が並んでいます。
2. 空欄の後ろには前置詞 in と quarterly report「四半期報告書」という名詞が来ています。
3. よって、ここに turn を入れれば turn in X「X を提出する」というフレーズができあがり文意に合います。close in は「近寄る・〜を包囲する」という意味です。look in は「〜の中を見る（のぞき込む）」という意味か、「立ち寄る」という意味になります。keep in は「〜を閉じ込める・〜を抑える」という意味です。

訳▶ 女性：いつ私たちは四半期報告書を提出しなければならないのですか？
男性：ちょっとわかりません。正直なところ、まだ、私は自分のをまだ書き始めていません。

□ turn in X　X を提出する

関連語句　□ hand in X
Every employee must hand in a self-appraisal form.
社員は皆その自己評価用紙を提出しなければならない。

類義語の submit X も非常によく出てきます。

⏰ 解答目標タイム 30 秒　　▶03

8. *Woman:* I have a business trip coming up, so I need five hundred business cards printed as ------- as possible.

Man: We should be able to get them finished by Wednesday if you provide us all the necessary information today.

(A) often
(B) soon
(C) hard
(D) much

□ **have X coming up**　もうじきXがある
□ **business trip**　出張

8. (B) soon

1. 選択肢には副詞が並んでいます。
2. 副詞や形容詞であれば基本的に as ... as possible「できるだけ〜」の間に入れることができるので、この部分はヒントになりません。
3. 文の構造をとると、need ... business cards printed「名刺を印刷してもらう必要がある」となっており、返答には be able to get them finished by Wednesday「水曜日までには終わらせることができる」と時間を答えているので、soon「すぐに」を入れれば意味が通ります。as soon as possible「できるだけ早く」という意味になります。as often as possible「できるだけ頻繁に」、as hard as possible「精一杯」、as much as possible「できるだけ多く」では意味が通りません。

訳▶ 女性：出張がもうじきあるので、すぐに名刺を500枚印刷したいんです。
男性：必要な情報を今日すべて提供していただければ、水曜日までに準備できると思います。

□ as soon as possible　できるだけ早く

関連語句　□ at your earliest convenience
なるべく早く

　as soon as possible より丁寧な表現です。

Please reply at your earliest convenience.
なるべく早くご返事をください。

　ほかにも as quickly as possible「できるかぎり素早く」、without delay「遅れることなしに」などの言い換えが考えられます。

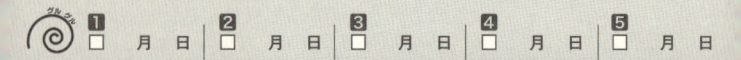

⏰ 解答目標タイム 30 秒

9. *Man:* Hi Wendy, I'm ------- to leave for the meeting with the clients at Daletech. Do you want to come with me?

Woman: Thanks for the offer Donald, but I'm going to another meeting afterward, so I need to take my own car.

(A) likely
(B) denied
(C) sure
(D) about

☐ **client** 名 クライアント
☐ **afterward** 副 後で

9. (D) about

1. 選択肢には形容詞の働きをすることのできるものが並んでいます。

2. 空欄の前には be 動詞、後ろには to do の形があるので、be likely to do「〜しそうである・〜らしい」、be sure to do「必ず〜する」、be about to do「まさに〜するところだ」の3つの TOEIC 頻出フレーズに絞られます。

3. その後の文に、「一緒に行きますか？」と誘っていることや、返答に「後で別のミーティングに行く」と答えているので、男性が、今まさにクライアントに会いに行くところであるとわかります。よって、about が正解です。deny は「〜を否定する」という意味です。

訳▶ 男性：やあウェンディー、デールテック社のクライアントたちとのミーティングにいくところなんですが、一緒に行きますか？
女性：ドナルド、誘ってくれてありがとう。でも、後で別のミーティングに行かなければならないので自分の車で行かなければなりません。

□ be about to do　まさに〜するところだ

関連語句　□ **be on the point of doing**

まさに〜するところだ

Florence was on the point of leaving the office.

フローレンスはオフィスを出るところだった。

ほかにも be on the verge of doing という言い換えがあります。

⏰ 解答目標タイム **30** 秒　　　　　　　　　　▶03

10. *Man:*　　Hello, Martha. I was hoping that we would be able to get together sometime next week to discuss the schedule.

Woman:　Oh Bill, I'm sorry, but I'll be ------- vacation all next week. Can it wait until the week after?

(A) at
(B) for
(C) on
(D) in

□ **get together** 集まる　類 gather
□ **discuss** 動 ～について話し合う　類 talk about
□ **A waits until B** AをBまで待ってもらう

　このように wait の主語には人以外が来ることもあります。

10. (C) on

1. 選択肢には前置詞が並んでいます。
2. 空欄の後ろには vacation という名詞が来ています。
3. よって、ここに on を入れれば on vacation「休暇中で」というフレーズが完成します。

訳▶ 男性：やあマーサ、来週スケジュールについて話し合うために集まれたらと思っているのですが。
女性：ビル、すみませんが、来週はずっと休暇中なんです。再来週以降でもいいですか？

□ **on vacation**　休暇中で

関連語句　□ **on leave**
Martina is currently on leave.
マティーナは現在休暇中です。

leave に「休暇」の意味があることは P.92 でも紹介しましたね。

イギリスでは on holiday というときもあります。ちなみにずる休みをするときに call in sick「病欠の電話をする」はよく使います。

解答目標タイム 15秒

11 *Man:* Good morning madam, I am sorry to ------- you waiting so long.

Woman: Not at all, could you tell me if the new book by Randy Heart is in stock yet?

(A) keep
(B) force
(C) get
(D) remain

□ **be sorry to do** 〜してすみません
□ **in stock** 在庫にある

11. (A) keep

1. 選択肢には動詞が並んでいます。
2. 空欄の後ろには you と waiting という動詞の -ing 形が来ています。
3. よって、keep X doing「Xを〜させたままにする」という形をとる keep が正解です。keep + 人 + waiting「人を待たせる」は日常とてもよく使われる表現です。force と get は force X to do「Xに無理やり〜させる」、get X to do「Xに〜させる」のように不定詞とともに使われます。remain「とどまる・〜なままである」は remain waiting「待っている」のように分詞を後ろに置くことはできます。

訳▶ 男性：おはようございます奥様、お待たせしてしまいすみません。
女性：いえいえ、ランディー・ハートの新刊は在庫にありますか？

□ keep X waiting　Xを待たせる

関連語句　□ **make X wait**　Xを待たせる

I don't want to make you wait in the rain.
雨の中待たせたくはないんです。

make の場合は wait の部分は動詞の原形になります。

⏰ 解答目標タイム 20 秒

▶03

12 *Woman:* I don't think I'm going to be able to ------- it to the company picnic on Sunday.

Man: Oh, that's too bad. It looks like it will be a lot of fun.

(A) come
(B) find
(C) arrive
(D) make

□ **company picnic** 会社のピクニック
□ **That's too bad.** 残念ですね
□ **it looks like SV** SはVするようである

12. (D) make

1. 選択肢には動詞が並んでいます。
2. 空欄の後ろには it と to ＋名詞の形が続いています。
3. よってここに make を入れれば、make it to X「X に参加する・X に間に合う」というフレーズが完成します。come「来る」と arrive「到着する」は自動詞なので後ろに目的語をとることはできません。find「〜を見つける」では to ＋名詞以下の説明がつきません。

訳▶ 女性：日曜日の会社のピクニックに行くことはできないと思います。
男性：ああ、それは残念ですね。とても楽しそうなんですけどね。

□ make it to X　X に間に合う・X に着く

make it on time「間に合う」も覚えておきましょう。

関連語句　□ **show up (at X)**　(X に)現れる
Erica showed up at the meeting.
エリカはミーティングに姿を見せた。

make it to X は様々な言い換えが考えられます。get to X「X に着く」、come to X「X にやってくる」、attend X「X に参加する」なども覚えておきましょう。

解答目標タイム 15 秒

13. *Man:* Why don't you ------- by the Springfield office while you're there inspecting the new factory?

Woman: I'd like to, but I don't think I'll have enough time with all the recent problems we've had at the construction site.

(A) drop
(B) let
(C) fall
(D) step

□ **Why don't you do?** ～したらどうですか？
□ **inspect** 動 ～を視察する・～を検査する　類 look into
□ **would like to do** ～したい　類 want to do
□ **construction site** 工事現場

13. (A) drop

1. 選択肢には動詞が並んでいます。

2. 空欄の後ろには by、さらにその後ろには Springfield office という場所が来ています。

3. よって、drop by X「X に立ち寄る」というフレーズをつくる drop が正解です。let は let X do という形で「X に〜させてあげる」という意味になります。fall「落ちる」は drop にも「落ちる」という意味があることを利用したひっかけです。動詞の step は「踏み出す」という意味です。step by step「一歩ずつ・着実に」というフレーズを連想した人をひっかけるための選択肢です。

訳▶ 男性：新しい工場を視察するときに、スプリングフィールドのオフィスに立ち寄ったらどうですか？
女性：そうしたいのですが、近頃工事現場でかかえている問題がたくさんあるので時間が十分ないと思います。

□ **drop by X**　Xに立ち寄る

関連語句　□ **drop in at X**
George dropped in at the book store.
ジョージは本屋に立ち寄った。

その他の類偽表現に visit X、pay a visit to X などがあります。

🕐 解答目標タイム **20** 秒　　　▶03

14. *Woman:* Rob, do you have time to give me a ride to the station? I'm running late.

　　　Man: Of course! I don't want you to -------- the train.

(A) meet
(B) catch
(C) miss
(D) fail

□ **give A a ride to B**　AをBまで(車で)送る
□ **run late**　遅れる

14. (C) miss

1. 選択肢には動詞が並んでいます。
2. 空欄の後ろには the train「電車」が来ているので、この語を目的語にとる catch「〜に間に合う」か miss「〜に乗り遅れる」に絞られます。
3. 最初の女性の発言に「車で駅まで乗せていってくれる時間はありますか? 遅れているんです」とあり、男性は「もちろん」と答えているので「遅れてほしくない」とするのが適当です。よって、miss が正解です。fail は「失敗する」という意味で test や examination「試験」などを目的語にとりますが、train はとれません。

訳▶ 女性: ロブ、車で駅まで乗せっていってくれる時間ありますか? 遅れているんです。
男性: もちろんです。電車に遅れないでくださいね。

□ miss a train   電車に乗り遅れる

be late for a train と言い換えることもできます。

関連語句   □ catch a train   電車に間に合う
We have to catch the train at any cost.
私たちは何としてもその電車に間に合わなければなりません。

もちろん train 以外、bus などにも使うことができます。

⏰ 解答目標タイム 10 秒　　　　　　　　　▶03

15. *Woman:* I'm ------- for a new mobile phone with an excellent camera.

Man: I see. Most of the cameras are the same. This new model has an advanced lens, but it's expensive.

(A) researching
(B) looking
(C) finding
(D) seeing

□ **mobile phone** 携帯電話　類 cell phone
□ **most of the X** ほとんどのX
□ **the same** 同じ
□ **advanced** 形 新型の・進んだ

15. (B) looking

1. 選択肢には動詞の -ing 形が並んでいます。
2. 空欄の後ろには前置詞の for があります。
3. research「～を研究する」、find「～を見つける」、see「～を見る」は基本的に他動詞で使うのでここには入りません。look は自動詞で for とともに用いて look for X「X を探す」というフレーズをつくることができます。

訳▶ 女性：優れたカメラのついている新しい携帯電話を探しているんですが。
男性：わかりました。ほとんどのカメラは同じなんです。この新しいモデルは新型のレンズがついていますが、値段は高いです。

□ look for X　X を探す

関連語句　□ **seek X**　X を探し求める

We're currently seeking a new office manager.
私たちは現在新しいオフィスマネジャーを探している。

seek はこのように他動詞として使います。search は使い方がややこしく、search X で「X（の中）を探す」、search for X で「X を探す」という意味になります。search the car は「車の中を探す」という意味になり、search for the car は「車を探す（＝車が見つかっていない）」という意味になります。

解答目標タイム 20 秒

16. *Man:* This old photocopier is breaking down all the time these days.

Woman: I've asked the supplier to exchange it ------- a newer one with more functions.

(A) to
(B) at
(C) on
(D) for

- □ **photocopier** 名 コピー機　類 copy machine
- □ **break down** 壊れる
- □ **all the time** いつも
- □ **these days** 最近
- □ **ask X to do** Xに〜するよう頼む
- □ **supplier** 名 サプライヤー・供給業者
- □ **function** 名 機能

16. (D) for

1. 選択肢には前置詞が並んでいます。
2. 空欄の前にある exchange という動詞に注目します。
3. exchange は前置詞の for と相性がよく、exchange A for B で「A を B と交換する」という意味になります。

訳▶ 男性：この古いコピー機は最近いつも壊れるんですよ。
女性：サプライヤーにより多くの機能がついた新しいものに交換してくれるように頼みました。

□ exchange A for B　AをBと交換する

関連語句　□ replace A with B　AをBと交換する

We need to replace the light bulb with a new one.
その電球は新しいものと取り換える必要がある。

受動態では A is replaced by B のように by を使うこともできます。

Bounty Bran was replaced by Apple Corn Crispies as the best selling breakfast cereal in Canada.
バウンティー・ブランはアップル・コーン・クリスピーズにカナダで最も売れている朝食シリアルの座を奪われた。

⏰ 解答目標タイム 25 秒　　　　　　　　(▶03)

17. *Man:* I'm calling about an order I made yesterday for a case of hammers. I need to change it.

　　　Woman: Yes sir, I ------- that order, but unfortunately, it's already been shipped. Would you like to make an additional order?

(A) placed
(B) delivered
(C) gave
(D) took

□ **make an order** 注文する
□ **need to do** ～する必要がある
□ **unfortunately** 副 残念ながら
□ **already** 副 すでに
□ **ship** 動 ～を発送する
□ **additional** 形 追加の

17. (D) took

1. 選択肢には動詞の過去形もしくは過去分詞形が並んでいます。

2. 空欄の後ろには that order という名詞が来ています。選択肢はどれもこの語と相性がよく place an order「注文する」、deliver an order「注文を配達する」、give an order「命令する・注文する」、take an order「注文をとる」というフレーズをつくることができます。

3. 文意をとると、男性は注文した人であることがわかります。よって、対応している女性が注文するのはおかしいので place や give は正解になりません。delivered「送った」を入れてしまうと、but「しかし」があるので it's already shipped「すでに発送された」と逆接関係になりません。よって、take が正解です。

訳▶ 男性：昨日注文したかなづち1箱について電話しています。変更したいんです。
女性：承知しました。そのご注文は私が承ったのですが、すでにその商品は発送されてしまっています。追加のご注文をなさいますか？

☒ □ take an order　注文をとる

関連語句　□ **accept/receive an order**　受注する
We accept orders only by phone.
私どもはご注文を電話でのみお受けしています。

解答目標タイム 15秒　　　▶03

18. *Woman:* This is Wendy Harmer. I'm calling Phillip Singh ------- about the tour schedule.

Man: Hello, Ms. Harmer. I'm sorry, but Phillip is on a call at the moment. I'll have him call you as soon as he gets off the phone.

(A) back
(B) around
(C) after
(D) before

- **be on a call**　電話中である
- **at the moment**　現在　類 currently
- **have X do**　Xに〜させる
- **as soon as SV**　SがVするとすぐ
- **get off the phone**　電話を切る　類 hang up the phone

18. (A) back

1. 選択肢には前置詞・副詞の働きをするものが並んでいます。
2. 空欄の前には call という動詞と Phillip Singh という人の名前が来ています。
3. よって、ここに back を入れれば call 人 back「人に電話をかけ直す」というフレーズが完成します。around は「周りに・約」という副詞か「〜の周りに」という前置詞、after「〜の後に」と before「〜の前に」は前置詞もしくは接続詞です。

訳▶ 女性：こちらはウェンディー・ハーマーです。ツアーのスケジュールに関してフィリップ・シングさんに折り返し電話をしています。
男性：もしもし、ハーマーさん。申し訳ありません。フィリップは現在電話中です。終わり次第、折り返しご連絡させます。

❌ □ **call X back**　X にかけ直す

関連語句　□ **get back to X**
I'll get back to you as soon as possible.
できる限りすぐ折り返しします。

return a (telephone) call「折り返し電話をする」も覚えておきましょう。

解答目標タイム 25 秒

19. *Man:* I ordered some DVDs from your Web site about a week ago. It said that they would be delivered within three to five days.

Woman: If you're ------- about the delay, you can check the progress of the parcel using the shipping number written on the receipt.

(A) tired
(B) amused
(C) concerned
(D) embarrassed

- **order A from B** BからAを注文する
- **within X** X以内に
- **delay** 名 遅れ
- **progress** 名 進行状況
- **parcel** 名 小包

19. (C) concerned

1. 選択肢には感情の動詞の過去分詞が並んでいます。

2. 空欄の前には be 動詞、後ろには前置詞の about があります。よって、be amused about X「X をおもしろがる」、be concerned about X「X を心配する」、be embarrassed about X「X を恥ずかしく思う」に絞られます。

3. about の後ろには the delay「遅れ」が来ており、「発送番号を使って配達状況が確認できる」とあるので concerned を入れれば「遅れが心配であれば、発送番号を使って配達状況が確認できます」となり意味が通ります。

訳▶ 男性：1週間ほど前にそちらのホームページで DVD を注文しました。3日から5日以内に届くと書いてありました。
女性：もし、遅れが心配なようでしたら、レシートに書いてある発送番号を使って、小包の配達状況がチェックできます。

□ be concerned about X　X を心配する

関連語句　□ **be worried about X**
Residents are worried about the influence of the project on the local economy.
住民はその計画の地元経済への影響を心配している。

ほかにも be anxious about X といったフレーズがあります。

🕐 解答目標タイム 15秒　　　▶03

20. *Man:* Should we ------- to help the sales department move their offices to the new building?

Woman: That's a good idea. They're going to be really busy soon, and if they fall behind, all departments will suffer.

(A) respect
(B) offer
(C) follow
(D) quit

- □ **sales department**　販売部・営業部
- □ **move A to B**　AをBに移転する
- □ **That's a good idea.**　いい考えですね。
- □ **fall behind**　遅れる　圞 be delayed
- □ **suffer**　動 被害を受ける・苦しむ

20. (B) offer

1. 選択肢には動詞が並んでいます。

2. 空欄の後ろには to help という to 不定詞が続いています。

3. 選択肢の中で後ろに to 不定詞をとるのは offer です。offer to do で「〜をすることを申し出る」という意味になります。respect は「〜を尊敬する」、follow は「〜についていく・従う」という意味です。quit「〜をやめる」は不定詞ではなく動名詞を目的語にとります。

訳▶ 男性：販売部の新しい建物へのオフィスの移転を手伝うことを申し出たほうがいいですかね？
女性：いい考えですね。彼らはすぐに非常に忙しくなるでしょうし、もし彼らが遅れてしまうとすべての部署に迷惑がかかってしまいますからね。

□ offer to do 〜をすることを申し出る

to 不定詞を目的語にとる動詞は「これから〜する／したい」という未来志向のものが多いです。

want to do「〜したい」
decide to do「〜すると決める」
intend to do「〜するつもりだ」
promise to do「〜すると約束する」
plan to do「〜する予定だ」

解答目標タイム 20 秒

21. *Man:* I've received permission from the head office to ------- ahead with the building extensions, so now we just need to decide on a schedule.

Woman: We should definitely wait until after fall because that's our busiest time of year.

(A) be
(B) go
(C) try
(D) do

□ **permission** 名 許可
□ **head office** 本社　類 headquarters
□ **extension** 名 拡大
□ **decide on X** Xを決める
□ **definitely** 副 確実に

21. (B) go

1. 選択肢には動詞の原形が並んでいます。
2. 空欄の後ろには ahead with という副詞と前置詞が来ています。
3. よって、ここに go を入れれば go ahead with X「X(計画/仕事など)を進める」というフレーズができあがります。

訳▶ 男性：本社から建物の増築を進める許可をもらったので、あとはスケジュールを決めればよいだけです。
女性：秋は一番忙しい時期なので、その後まで絶対待つべきだと思います。

□ go ahead with X　Xを進める

go forward with X、go on with X、continue X などと言い換えることができます。

関連語句　□ **Go ahead.**　どうぞ

A: Can I use your mobile phone?
B: Go ahead.
A: あなたの携帯電話を借りてもいいですか？
B: どうぞ。

go ahead はこのように「どうぞ」という意味の命令文で日常よく使われます。

🕐 解答目標タイム 20 秒　　　▶03

22. *Woman:* I've been ------- over the quote that the decorator gave us to have the office carpets replaced. It's more expensive than I thought.

　Man: Would you like me to call some other companies to see if we can get a better deal?

(A) reviewing
(B) watching
(C) looking
(D) gazing

☐ **quote** 名 見積もり　類 estimate
☐ **decorator** 名 デコレーター・室内装飾業者
☐ **see if SV** SがVかどうか確かめる
☐ **deal** 名 取引

22. (C) looking

1. 選択肢には動詞の -ing 形が並んでいます。
2. 空欄の後ろには over が来ています。よって、watch over X「X を見守る」、look over X で「X に目を通す・X を一読する」、gaze over X「X をじっと眺める」に絞られます。
3. over の後ろには quote「見積もり」が来ているので look over が適当だとわかります。review「〜を見直す」は look over の言い換えとして登場することがあります。gaze over X「X を眺める」は、主に景色を上から眺める場合に使われます。

訳▶ 女性：オフィスのカーペットを取り換えるためにデコレーターが出した見積もりに目を通しているのですが、思ったより高いですね。
男性：他の会社に電話をして、もっといい条件を提供してくれるか確かめましょうか？

□ **look over X**　X に目を通す・X を一読する

関連語句　□ **read through X**　X を一読する
Jason read through all the résumés.
ジェイソンはすべての履歴書に目を通した。

ほかにも check などの言い換えが考えられます。

解答目標タイム 15 秒

23. *Man:* Bill Walters has been ------- to the Seattle branch to help them set up their IT section.

Woman: Who will be heading up our IT team now that he's gone?

(A) referred
(B) transferred
(C) reminded
(D) managed

- **branch** 名 支店
- **help X do** Xが〜するのを手伝う
- **set up** 〜を設立する　類 establish, found
- **head up** 〜を率いる・〜の頭である　類 lead
- **now that SV** 今やSはVするので

23. (B) transferred

1. 選択肢には動詞の -ed 形が並んでいます。
2. 空欄の前には be 動詞があるので受動態をつくる過去分詞が入るとわかります。さらに空欄の後ろには to という前置詞と the ... branch「支店」という名詞があります。
3. よって、ここに transferred を入れれば be transferred to X「X に異動する・転勤になる」というフレーズができあがります。refer は refer to X「X を参照する・X に言及する」、manage は manage to do で「なんとか〜する」、remind は remind X to do「X に〜するのを思い出させる」という形で to とともに用いられます。

訳▶ 男性：ビル・ウォルターズは IT 課を設置するのを手伝うためにシアトル支店に異動になりました。
女性：彼がいなくなったら、誰が私たちの IT チームを率いるのですか？

☐ be transferred to X　X に異動する・転勤になる

transfer to X「X に異動する」のように自動詞として使われることもあります。

関連語句　☐ **relocate A to B**

A を B に異動させる・移転する
Jane was relocated to the Paris branch.
ジェーンはパリ支店に異動になった。
GLV, Inc., relocated its headquarters to Vancouver.
GLV 社は本社をバンクーバーに移転した。

ほかにも move to X「X に移る」などが言い換えとして考えられます。名詞の relocation「移転・転勤」も覚えておきましょう。

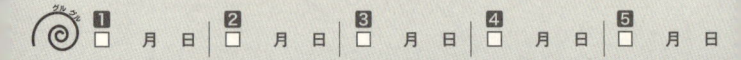

⏰ 解答目標タイム 30 秒 ▶03

24. *Woman:* The new audio players aren't selling as well as we'd hoped despite the extra money we have been spending on marketing.

Man: In that -------, we should talk to some other advertising agencies about different strategies.

(A) way
(B) place
(C) case
(D) form

□ **despite X**　Xだが
□ **advertising agency**　広告代理店
□ **strategy**　名 戦略

24. (C) case

1. 選択肢には名詞が並んでいます。
2. 女性の発言には「新しいオーディオプレーヤーは期待したほど売れていない」とあり、男性は「違った戦略について話したほうがいい」と答えています。
3. よって、case を入れれば in that case「その場合は」という頻出フレーズが完成します。way「道・方法」は in a…way「〜な意味・方法で」、place「場所」は in place of X「X の代わりに」、form「形」は in form「形式上は・調子がいい」などのフレーズを in とともに用いてつくることができます。

訳▶ 女性：マーケティングに余分にお金を使ったのですが、新しいオーディオプレーヤーは期待したほど売れていません。
男性：それでは、他の広告代理店と違った戦略について話したほうがいいですね。

□ **in that case**　その場合は

関連語句　□ **if so**　もしそうなら

A: I heard Ashley is moving to the Toronto branch.
B: If so, we should have a farewell party.
A: アシュリーはトロント支店に異動するそうだよ。
B: それなら、お別れ会をしたほうがいいね。

Part 4

Part 4 に頻出の
フレーズ **14**

目標解答タイムの目安

5分25秒

グルグル 記録のまとめ欄

	実施日	正解数
1（1回目）	月　日～　月　日	/14
2（2回目）	月　日～　月　日	/14
3（3回目）	月　日～　月　日	/14
4（4回目）	月　日～　月　日	/14
5（5回目）	月　日～　月　日	/14

⏰ 解答目標タイム 20秒

1. Increased traffic due to the soccer game at Stallard Stadium tonight is causing delays. Traffic is ------- up all the way to Robinson Avenue. Police are recommending that drivers not intending to attend the game avoid the area.

   (A) caught
   (B) stopped
   (C) backed
   (D) turned

- **increased** 形 増加した
- **traffic** 名 交通量
- **all the way to X** Xまでずっと
- **police** 名 警察（常に複数扱い）
- **recommend that SV(原形)** SがVするように勧める
- **intend to do** 〜するつもりである
- **attend** 動 〜に参加する
- **avoid** 動 〜を避ける

1. (C) backed

1. 選択肢には動詞の過去形もしくは過去分詞形が並んでいます。
2. 空欄の後ろには up がありますが catch up「追いつく」、stop up「～を詰まらせる」、back up「～を渋滞させる・～を支援する」、turn up「(音量など) を上げる・現れる」のようにどれも up と相性がいいです。
3. 文の主語は traffic「交通量」なので backed を入れれば、traffic is backed up「渋滞している」という頻出フレーズが完成します。stop up はパイプなどが詰まったときに使う表現です。

訳▶ 今夜スタラード・スタジアムで行われるサッカーの試合の影響で増えた交通量により遅れが出ています。渋滞はロブソン通りまで続いています。警察は運転手たちに試合を見に行くのでなければこの地域を避けるように勧めています。

□ be backed up　渋滞している

関連語句　□ **be congested**　混雑した
The street is congested with traffic.
通りは渋滞している。

ほかにも Traffic is heavy.「交通量が多い」という表現がよく出てきます。ただし、交通量が多いだけで車の流れが悪くなっているとは限りません。

⏰ 解答目標タイム 25 秒

2. The road in front of the library on Mitchel Avenue is closed for roadwork, and motorists are being directed to take a ------- by turning left at Scotts Lane. Library patrons can park in an empty lot on Madison Street until the construction ends.

(A) detour
(B) course
(C) caution
(D) role

- **roadwork** 名 道路工事　類 road construction
- **direct X to do** Xに〜するよう指示する
- **library patron** 図書館の利用者
- **park** 動 駐車する
- **empty lot** 空き地
- **until SV** SがVするまでずっと

2. (A) detour

1. 選択肢には名詞が並んでいます。
2. 空欄の前には take a がありますが、選択肢はどれも take a detour「迂回する」、take a course「針路をとる・コースを受講する」、take a caution「用心する」、take a role「役割を担う」のように使うことができます。
3. 文意をとると、「図書館の前の道は工事で閉鎖されているから、車を運転する人は〜するよう指示されている」とあるので detour「迂回・回り道」が正解です。take a detour は交通情報の放送でよく出てきます。

訳▶ ミッチェル通りの図書館の前の道は工事のため閉鎖されており、車を運転する方はスコッツ通りを左に迂回するよう指示されています。工事が終わるまで図書館の利用者はマディソン通りの空き地に駐車できます。

□ **take a detour** 迂回する

関連語句 □ **take an alternate route** 別の経路を使う
Robson Drive was congested, so we took an alternate route.
ロブソン通りは混んでいたので、私たちは別のルートを使いました。

ほかにも take another route、take a different route などが考えられます。

解答目標タイム 30 秒

3. Hi, it's David from Dartmouth Computers here. I need to ------- the appointment I have with Jack Chang today. I'm stuck in Vancouver because my plane has been delayed due to bad weather.

(A) request
(B) replace
(C) reexamine
(D) reschedule

□ **be stuck in X**　Xで身動きがとれない
□ **be delayed**　遅れる
□ **due to X**　Xが原因で　類 because of X

3. (D) reschedule

1. 選択肢には re- から始まる動詞が並んでいます。
2. 次の文に、「飛行機が遅れてバンクーバーで身動きがとれない」とあります。
3. よって、reschedule「〜の予定を変更する」を入れれば reschedule the appointment「約束を変更する」となり意味が通ります。the appointment と I have の間には関係代名詞 that もしくは which が省略されています。have an appointment with X「X と約束がある」も重要フレーズなので一緒に覚えておきましょう。replace は replace A with B の形で「A を B と取り換える」という意味、request は「〜を要求する」、reexamine は「〜を再検査する」という意味です。

訳▶ もしもし、こちらはダーマウス・コンピューターズ社のデイヴィッドです。今日のジャック・チャンさんとの約束を変更しなければなりません。悪天候のため飛行機が遅れていて、バンクーバーで身動きがとれないんです。

□ reschedule an appointment
約束を変更する

関連語句　□ **delay/postpone an appointment**
約束を延期する
Due to an emergency, Mr. Ronald had to delay his doctor's appointment.
緊急事態のため、ドナルドさんは医者の予約を延期しなければならなかった。

⏰ 解答目標タイム 30秒　　▶04

4. The next stop on our tour is the cafeteria, which is convenient because it's lunch time. You should find a meal ticket among the documents I handed out earlier. Please be ready to continue the tour by 12:20 because it's very important that we don't get ------- schedule.

(A) on
(B) behind
(C) ahead of
(D) according to

□ **convenient** 形 便利な　類 handy
□ **hand out** 〜を配る　類 distribute
□ **be ready to do** 〜する準備ができている
□ **continue** 動 〜を続ける

4. (B) behind

1. 選択肢には前置詞が並んでいます。
2. 空欄の後ろには schedule という語があります。選択肢の語はどれもこの語と相性がよく、on schedule「予定通りに」、behind schedule「予定より遅れて」、ahead of schedule「予定より早く」、according to schedule「予定通りに」というフレーズをつくります。さらに、空欄の前には get があるので、get behind schedule「予定より遅れる」、get ahead of schedule「予定より早く進む」 というフレーズに絞られます。
3. 文意をとると、ツアーの予定を述べており、「12時20分までにはツアーを再開できるようにしてください」とあるので、behind を入れて「予定に遅れないことはとても重要です」とすればよいとわかります。

訳▶ 私たちのツアーの次の目的地はカフェテリアです。昼食の時間なのでちょうどよいですね。先ほど渡した書類の中にある食券を見つけてください。予定に遅れないことはとても重要ですので12時20分までにはツアーを再開できるようにしておいてください。

□ **behind schedule** 予定より遅れて
□ **ahead of schedule** 予定より早く

関連語句 □ **on schedule** 時間通りに・遅れずに
This flight will leave on schedule.
当機は定刻通りに出発します。

⏱ 解答目標タイム 30 秒　　　▶04

5. Jason Cox will be signing copies of his new novel here at Jones Bookstore on Monday, March 23. The book signing will start at 11 A.M. and finish at 3 P.M. Please be sure to buy a copy of the novel in ------- because they are expected to sell out before then.

(A) addition
(B) front
(C) return
(D) advance

☐ **sign** 動 ～にサインする
☐ **copy** 名（本やCDなどの）～部
☐ **book signing** 本のサイン会
☐ **be sure to do** 確実に～する
☐ **be expected to do** ～するよう予期される
☐ **sell out** 売り切れる

5. (D) advance

1. 選択肢には名詞が並んでいます。
2. 空欄の前には in があり、選択肢の語はそれぞれ、in addition「さらに」、in front「前に」、in return「お返しに」、in advance「あらかじめ」というフレーズをつくります。
3. 文意をとると「売り切れることが予想されるので、買っておくようにしてください」とあるので、in advance「あらかじめ」がふさわしいとわかります。

訳▶ ジェイソン・コックスが、3月23日月曜日にここジョーンズ・ブックストアで彼の新しい小説にサインをいたします。サイン会は午前11時に始まり午後3時に終了します。そのときまでには売り切れてしまうことが予想されますので、あらかじめ本をお買い求めになるようにしてください。

☒ □ in advance　あらかじめ

関連語句　□ **ahead of time**　前もって
Rebecca bought tickets for the concert ahead of time to avoid waiting in line.
列に並ぶのを避けるため、レベッカはコンサートのチケットは事前に買っておいた。

beforehand「前もって」も重要表現です。

6. Hello Ms. Tanaka. It's Jeff Adams from Adams' Building Supplies. I am calling about the order for two thousand floor tiles you faxed to us this morning.
I am sorry, but it is going to be difficult for us to fill this order on such short -------.

(A) term
(B) notice
(C) warning
(D) supply

□ **fill an order** 注文に応じる

6. (B) notice

1. 選択肢には名詞が並んでいます。
2. 空欄の前の short があるので short term「短期間」、short notice「急な知らせ」、short supply「供給不足」に絞られます。
3. さらに on such があるので、ここに short を入れれば on (such) short notice「(そんなに) 急な通知・依頼で」というフレーズができあがります。このフレーズは Part 2、3 や Part 7 にも登場したことがあります。warning は「警告」という意味です。

訳▶ もしもしタナカさん。アダムズ・ビルディング・サプライズ社のジェフ・アダムズです。今朝ファックスしていただいた2千枚のフロアタイルに関してお電話しています。すみませんが、かなり急なので注文に応じることは難しいです。

□ **on short notice** 急な通知

  関連語句　□ **late notification** 遅い通知
  Sorry for the late notification.
  連絡が遅くなってしまい申し訳ございません。

ほかにも without (advance) warning「急に・警告なしで」などという表現があります。

7. As a result of the inclement weather we are experiencing this evening, a number of flights have been canceled or delayed. Travelers are ------- to make their way to the airline counters, where staff will provide them with assistance.

(A) objected
(B) accepted
(C) demanded
(D) advised

- **as a result of X** Xの結果
- **experience** 動 ～を経験する
- **inclement** 形 荒れ模様の
- **a number of X** 多くのX
- **delay** 動 ～を遅れさせる
- **make one's way to X** Xに向かって進む
- **provide A with B** AにBを提供する
- **assistance** 名 援助 類 help, aid

7. (D) advised

1. 選択肢には動詞の -ed 形が並んでいます。
2. 空欄の前には be 動詞、後ろには to 不定詞があります。
3. この形がとれるのは be advised to do「～するよう勧められる」だけです。能動態にすると advise X to do「X に～するよう勧める・忠告する」という形になります。object は object to X の形をとり「X に反対する」という意味になります。この to は前置詞で不定詞の to ではないことに注意です。accept「～を受け入れる」は動名詞や that 節と相性がいいです。demand は能動態で demand to do「～することを求める」という形で使います。demand (that) X (should) do「X が～するよう要求する」という形はありますが、demand X to do という形はないので要注意です。

訳▶ 今晩の荒れ模様の結果、多くのフライトにキャンセルや遅れが出ています。旅行者の方々は、スタッフがお手伝いしている航空会社のカウンターへお進みください。

□ **be advised to do** 〜するよう勧められる

関連語句 □ **it is advisable to do**
〜するよう勧められる
It is advisable to make a reservation in advance.
あらかじめ予約をするようお勧めします。

P.249 の問題を解いた後に、P.250 の言い換えも確認しておきましょう

解答目標タイム **15** 秒

8. In ------- to ensure that all customers are served efficiently, please take a number from the counter when you arrive and then sit down in the waiting room until your number is called by one of the clerks.

   (A) order
   (B) position
   (C) reason
   (D) turn

□ **ensure that SV** SがVすることを保証する
□ **serve** 動 〜に仕える
□ **waiting room** 待合室
□ **clerk** 名 店員

8. (A) order

1. 選択肢には名詞が並んでいます。
2. 空欄の前には in, 後ろには to 不定詞が続いています。
3. よって、order を入れれば、in order to do「〜するために」という TOEIC 頻出フレーズが完成します。position「位置」は in position で「所定の位置に」、reason「理由・道理」は、in reason で「当然・道理上」、turn「回転・順番」は in turn で「順番に」という意味になります。

訳▶ 確実にすべてのお客様に効率よくサービスを供給できるように、到着しましたら番号をおとりになり、店員から番号が呼ばれるまで待合室で座っていてください。

□ in order to do 〜するために

関連語句 □ **in an effort to do** 〜するために
In an effort to improve sales, the board has introduced a new marketing strategy.
売上を伸ばすために、取締役会は新しいマーケティング戦略を導入した。

ほかにも so as to do や、不定詞ではなく動名詞を使った for the purpose of doing、節を使った so that SV「S が V するために」という言い換えがあります。

⏰ 解答目標タイム **15**秒　　　　　　　　　▶04

9. Passengers are required to store their belongings in the overhead compartments. Please ------- from leaving items of luggage in the aisles because it blocks the movement of other travelers and railway staff.

(A) prevent
(B) refrain
(C) avoid
(D) attempt

- □ **passenger** 名 乗客
- □ **be required to do** ～することを要求される
- □ **store** 動 ～を保管する
- □ **belongings** 名 所有物
- □ **overhead compartment** （座席の上の）手荷物入れ
  類 overhead bin
- □ **luggage** 名 荷物　類 baggage
- □ **block** 動 ～を妨害する
- □ **movement** 名 動き

9. (B) refrain

1. 選択肢には動詞が並んでいます。
2. 空欄の後ろには from doing の形が続いています。
3. この形がとれるのは refrain「控える」です refrain from doing「〜するのを控える」は Part 4 だけでなく Part 5 でも出てきたことがあります。prevent は prevent X from doing の形で「X が〜するのを妨げる」、avoid「〜を避ける」は avoid doing の形で「〜するのを避ける」、attempt「〜を試みる」は attempt to do の形で「〜するのを試みる」という意味になります

訳▶ 乗客の皆さまは、荷物を頭上の手荷物入れにおしまいになってください。他のお客様や鉄道スタッフの迷惑になりますので荷物を通路に置きっぱなしにすることはお控えください。

□ refrain from doing　〜するのを控える

関連語句　□ **avoid doing**　〜するのを避ける
You should avoid talking on the phone when on the train.
電車に乗っているときは通話をしないほうがいいよ。

Part 5 で refrain を入れる問題では prevent がひっかけに、prevent を入れる問題では refrain がひっかけによく出てきます。

解答目標タイム 30 秒

10. Welcome to Sam's Fresh Food Market, Miami's oldest and most popular supermarket. We have discounts in a number of our sections today, beginning with the fruit and vegetable section, where shoppers will find a ------- of items at heavily discounted prices.

(A) completion
(B) disposal
(C) variety
(D) duration

□ **discount** 名 割引 動 〜を割引する
□ **heavily discounted** 大幅に割引された

10. (C) variety

1. 選択肢には名詞が並んでいます。

2. 空欄の前には a、後ろには of items があります。

3. よって、ここに variety「種類・多様性」を入れれば、a variety of X「様々な種類の X」というフレーズが完成します。completion は「完了」、disposal は「処理・処分」、duration は「持続・耐久」という意味です。

訳▶ マイアミで最も古く最も人気のあるスーパーマーケットのサムズ・フレッシュ・フード・マーケットにようこそ。本日は多くの部門で割引をしております。まずは青果コーナーです。こちらでは、様々な種類の商品が大幅に割引された価格になっています。

□ a variety of X　様々な種類の X

関連語句　□ **a (wide) selection of X**　幅広い種類の X
The store offers a wide selection of merchandise.
その店は幅広い種類の商品を提供している。

a range of X「様々な種類の／範囲の X」も TOEIC によく出ます。

⏰ 解答目標タイム **25** 秒

11. We will be stopping at a number of local sightseeing points during our tour of the Gold Coast this morning, so passengers will have ------- of opportunities to take photos and buy souvenirs.

(A) enough
(B) many
(C) several
(D) plenty

□ **a number of X** 数多くのX
□ **sightseeing** 名 観光
□ **opportunity to do** ～する機会
□ **souvenir** 名 おみやげ

11. (D) plenty

1. 選択肢には数量詞が並んでいます。

2. 空欄の後ろには of と opportunities があります。many と several を名詞として使う場合は many of the X (複数名詞)「多くの X」、several of the X (複数名詞)「いくつかの X」のように the や所有格が必要になります。enough には have enough of X「X にうんざりする」というフレーズがありますが、X の位置にプラスの意味の opportunities「好機」を置くのは不自然です。

3. よって、plenty of X「たくさんの X」というフレーズをつくる plenty が正解です。X の位置には数えられる名詞も数えられない名詞も置くことができます。

訳▶ 今朝のゴールド・コーストのツアー中に数多くの地元の観光地に立ち寄ります。よって、乗客の皆さまは写真をとったりおみやげを買ったりする機会がたくさんあります。

□ **plenty of X**　たくさんの X

関連語句　□ **a ... number of +可算名詞**　多数の〜
A great number of travelers go to Paris every year.
非常に多くの旅行客が毎年パリを訪れる。

□ **a ... amount of +不可算名詞**　多量の〜
Japan invested a large amount of money in Indonesia.
日本はインドネシアに多額のお金を投資した。

⏰ 解答目標タイム 15秒　　　　　　　　　(▶04)

12. The ------- time for tomorrow's convention is 11 A.M., so it will be important for everyone to get in early and help set up. There are still a lot of displays that need to be prepared.

(A) approximate
(B) starting
(C) arrival
(D) estimate

☐ **convention** 名 会議・コンベンション
☐ **get in** 到着する
☐ **help do** ～するのを手伝う
☐ **set up** 準備をする
☐ **display** 名 展示（品）
☐ **prepare** 動 ～を準備する

12. (B) starting

1. 選択肢には形容詞と名詞が並んでいます。

2. starting と arrival は空欄の後ろの time とつながり、starting time「開始時間」、arrival time「到着時刻」というかたまりをつくります。limit「制限・〜を制限する」は過去分詞の limited とともに使った場合 limited time「限られた時間」、estimate「見積もり・〜を見積もる」は過去分詞の estimated とともに使った場合 estimated time「見積時間・予定時刻」というフレーズをつくることができます。

3. time の後ろには for と tomorrow's convention「明日の会議」が続いているので、starting を入れて「会議の開始時刻」とすれば意味が通ります。

訳▶ 明日の会議の始まる時間は午前11時なので、皆が早く入り準備を手伝うことが重要です。準備しなければならない展示品はまだたくさんあります。

□ **starting time**　開始時刻

commencement time などという言い方もあります。

関連語句　□ **ending time**　終了時刻
The ending time of the meeting may change.
会議の終了時刻は変更される可能性がある。

finish time などという言い方もあります。

解答目標タイム 20秒

13. I would like to welcome all of the guests to the Wunderlin Theater tonight on ------- of the cast and crew of the production. We will commence the show momentarily, but please be aware that there will be a 15 minute intermission after the first act.

(A) condition
(B) occasion
(C) account
(D) behalf

- □ **crew** 名 一団
- □ **production** 名 制作
- □ **commence** 動 ～を始める 類 start
- □ **momentarily** 副 すぐに 類 soon
- □ **be aware that SV** SがVすると承知する
- □ **intermission** 名 休憩・中断

13. (D) behalf

1. 選択肢には名詞が並んでいます。

2. 空欄の前には on、後ろには of があります。選択肢はそれぞれ on condition of X「Xという条件で」、on the occasion of X「Xのときに」、on account of X「Xが原因で」、on behalf of X「Xを代表して・Xの代わりに」というフレーズをつくることができます。

3. of の後ろには cast and crew of the production「キャストと制作スタッフ」、さらに動詞の部分には welcome all the guests「すべてのお客様を歓迎します」とあるので、on behalf of を入れれば「キャストとスタッフを代表して」となり意味が通ります。

訳▶ 出演者、制作スタッフを代表して、今晩ワンダリン・シアターのお客様皆さまを歓迎したいと思います。ショーはすぐに始まりますが1幕目が終わったら15分の幕あいがあることをご承知ください。

□ on behalf of　Xの代わりに・Xを代表して

関連語句
□ **as a representative of X**　Xを代表して
Ms. Lee made a speech as a representative of HoonSon, Inc.
リーさんはフンサン社の代表としてスピーチをした。

「Xの代わりに」という前置詞句 in place of X、instead of X、rather than X も覚えておきましょう。

⏰ 解答目標タイム 15 秒　　　　　　　　　　▶04

14. As the movie is about to begin, we ------- that all patrons turn off their cell phones as well as any other electronic devices that may disturb other members of the audience.

(A) speak
(B) ask
(C) need
(D) cause

- **be about to do**　まさに～しようとする
- **patron**　名 客・ひいき客
- **turn off**　～の電源を切る
- **cell phone**　携帯電話　類 mobile phone
- **A as well as B**　AもBも・Bと同様にAも
- **electronic device**　電気機器
- **disturb**　動 ～の邪魔をする
- **audience**　名 観客

14. (B) ask

1. 選択肢には動詞が並んでいます。
2. 空欄の後ろには that SV の形が続いているので、that 節を目的語にとれない speak「しゃべる」、need「〜を必要とする」、cause「〜を引き起こす」は正解になれません。
3. よって、ask が正解です。ask that S (should) V (原形) で「S に〜するよう頼む」という意味になります。

> speak は自動詞で speak to/with + 人 of/about + 事の形をとります。他動詞で使う場合は目的語には speak English のように言語が来ます。cause X to do「X に〜するのを引き起こす」、need X to do「X に〜してもらう必要がある」も覚えておきましょう。

訳▶ 映画がもうすぐ始まりますので、すべてのお客様は携帯電話と他のお客様のご迷惑になる電子機器の電源はお切りくださるようお願い申し上げます。

□ ask that SV (原形)　S が V するよう頼む

関連語句　□ **ask X to do**　X に〜するよう頼む
Nick asked Ben to order copy paper.
ニックはベンにコピー用紙を注文するよう頼んだ。

> 同じように同義語の require や request も require/request that S (should) V (原形)、require/request X to do という形をとります。

Part 5

Part 5 に頻出の
フレーズ **15**

目標解答タイムの目安

3分45秒

グルグル 記録のまとめ欄

	実施日	正解数
1 (1回目)	月 日～ 月 日	/15
2 (2回目)	月 日～ 月 日	/15
3 (3回目)	月 日～ 月 日	/15
4 (4回目)	月 日～ 月 日	/15
5 (5回目)	月 日～ 月 日	/15

解答目標タイム **15** 秒

1. Brown's Online Books ------- customers that any personal information that they provide will be kept strictly confidential.

   (A) ensures
   (B) infers
   (C) refers
   (D) assures

- **personal information** 個人情報
- **keep X+形容詞** Xを〜のままにする
- **strictly** 副 厳しく・完全に
- **confidential** 形 内密の 類 secret

1. (D) assures

1. 選択肢には動詞の三人称単数形が並んでいます。
2. 空欄の後ろには customers「顧客」という人と that SV の節が続いています。
3. 選択肢の中で、人 + that SV の形をとることができるのは assure(s) だけです。assure X that SV で「S が V すると X に保証する」という意味です。ensure「〜を保証する」、infer「〜を推測する」は that 節はとれますが、人を目的語にとりません。refer は refer to の形をとって「〜に言及する・〜を参照する」という意味です。

訳▶ ブラウンズ・オンライン・ブックスは、顧客が提供したいかなる個人情報も厳重に管理し漏洩しないことを保証している。

□ assure X that SV
S が V すると X に保証する・確信させる

関連語句　□ **guarantee** 〜を保証する
We guarantee your satisfaction with our service.
私どものサービスにお客様が必ず満足いただけるとお約束いたします。

約束する系の表現は promise「〜を約束する」、affirm、「〜を確約する・断言する」、certify「〜を保証する・断言する」、vow「〜を誓う・公約する」、give one's word「約束する」などたくさんあります。

⏰ 解答目標タイム **20** 秒　　　▶05

2. According to the Townsend Enterprises expansion plan, the sales section will be ------- into two teams, focusing on the domestic and international markets respectively.

(A) relieved
(B) integrated
(C) attributed
(D) divided

☐ **according to X**　Xによると
☐ **expansion plan**　拡張計画
☐ **sales section**　販売課・営業課
☐ **focus on X**　Xに的を絞る
☐ **respectively**　副 それぞれ

2. (D) divided

1. 選択肢には動詞の -ed 形が並んでいます。

2. 空欄の前には be 動詞が来ているのでここには受動態（be ＋過去分詞）の過去分詞が入るとわかります。空欄の後ろには into ＋名詞の前置詞句が続いているので、integrated を入れて A be integrated into B「A は B に統合される・まとめられる」とするか divided を入れて A be divided into B（複数名詞）「A は B に分けられる」という形をつくればよいとわかります。

3. A の位置には sales section「販売課」、B の位置には two teams「2 チーム」という複数名詞が来ているので、divided を入れて「販売課は 2 チームに分けられる」とすれば意味が通ります。relieve は「〜を安心させる・〜を軽減する」という意味、attribute は attribute A to B の形で「A の原因は B だと思う」という意味になります。

訳▶ タウンゼンド社の拡張計画によると、販売課は 2 つのチームに分割され、それぞれ、国内市場、国外市場に重点を置くそうだ。

□ divide A into B　A を B に分ける

関連語句　□ **classify A into B**　A を B に分類する
Edible plants are classified into fruits and vegetables.
食用植物は果物と野菜に分類される。

ほかにも「A を B に分ける」の意味になる separate A into B, split A into B や、「A を B に統合する」の意味になる、consolidate A into B, integrate A into B などをまとめて覚えておきましょう。

解答目標タイム 15 秒　　　●05

3. Members of MegaFit Fitness Club are ------- to 24 hour access to the facilities, including the swimming pool, at all of our locations around the state.

(A) entitled
(B) retired
(C) allocated
(D) alarmed

□ **access to X**　Xの利用・Xへの出入り
□ **facility**　名 設備・施設
□ **including X**　Xを含む
□ **location**　名 場所・支店

3. (A) entitled

1. 選択肢には動詞の -ed 形が並んでいます。
2. 空欄の前には be 動詞があるのでここには受動態をつくる過去分詞が入るとわかります。さらに空欄の後ろには to + 名詞の形があります。
3. 名詞の位置には 24 hour access「24時間の利用」が来ているので be entitled to X「Xの権利が与えられる」を入れれば意味が通ります。retire は「退職する・退く」という意味の動詞です。allocate「〜を割り当てる」にも be allocated to X「Xへ割り当てられる」という形がありますが、「メンバーが24時間の利用に割り当てられる」では意味が通りません。alarm「〜を心配させる・〜に危険を知らせる」は be alarmed to do「〜して驚く」のように to 不定詞をとることならできます。

> allocate は Seven million dollars will be allocated to renovation projects.「700万ドルが改装計画に割り当てられる」のように使われます。

訳▶ メガフィット・フィットネスクラブのメンバーは、州にあるすべての支店でスイミングプールを含む施設を24時間ご利用いただけます。

❏ be entitled to X　Xの権利が与えられる

関連語句　❏ **be eligible for X**

Xの資格がある・Xに適している
Ms. Choi is eligible for a pension.
チョイさんは年金をもらう資格がある。

> be qualified for X「Xの資格がある」もよく出てきます。

⏰ 解答目標タイム **10** 秒

▶05

4. ABL ------- its technicians with diagnostic tools that help them identify faults and repair machines quickly, enabling clients to resume business with minimum interruption.

(A) proposes
(B) ignores
(C) equips
(D) handles

- **diagnostic** 形 診断の
- **tool** 名 道具
- **help X do** Xが〜するのを手伝う
- **identify** 動 〜を特定する
- **fault** 名 欠陥・故障
- **repair** 動 〜を修理する　類 fix
- **enable X to do** Xが〜できるようにする　類 allow X to do
- **resume** 動 〜を再開する
- **interruption** 名 中断・妨害

4. (C) equips

1. 選択肢には動詞の三人称単数形が並んでいます。
2. 空欄の後ろを見ると its technicians with diagnostic tools という A with B の形が続いています。
3. この形をとることのできる動詞は equip(s)「備えつける」です。equip A with B で「A に B を備えつける・A に B を身につけさせる」という意味になります。他の選択肢は propose「〜を主張する」、ignore「〜を無視する」、handle「〜を扱う」という意味です。

訳▶ ABL 社は、技術者たちに、故障個所をすぐに特定し機械をすぐに修理するのに役立つ診断ツールを装備させている。それにより、顧客は作業の中断が最小限に抑えられ、仕事を再開できるようになっている。

□ equip A with B
A に B を備えつける・A に B を身につけさせる

関連語句　□ **provide A with B**　A に B を供給する
TVX, Inc., did not provide its customers with enough information about its products.
TVX 社は顧客に製品に関する情報を十分に提供しなかった。

同義表現の supply A with B、furnish A with B も要チェックです。

⏰ 解答目標タイム **10**秒　　　▶05

5. Customers who take the time to ------- in the survey have a chance to win a trip for two to Hawaii.

(A) participate
(B) qualify
(C) value
(D) associate

□ **take time to do** 〜するのに時間をとる
□ **survey** 名 調査・アンケート　園 questionnaire
□ **have a chance to do** 〜する機会がある
□ **win** 動 〜を勝ちとる

5. (A) participate

1. 選択肢には動詞が並んでいます。
2. 空欄の後ろには in the survey という前置詞句があるだけで目的語がありません。よって、ここには自動詞が入ります。
3. 選択肢の中で自動詞は participate「参加する」だけです。participate in X で「X に参加する」という意味になります。他の選択肢は qualify「〜に資格を与える」、value「〜を評価する」、associate「〜を関連づける」という意味です。

訳▶ アンケートに時間をとって参加してくれたお客様にはハワイ旅行のペアチケットが当たるチャンスがあります。

□ **participate in X**　X に参加する

関連語句　□ **take part in X**　X に参加する
I took part in volunteer projects in Thailand.
私はタイでボランティアプロジェクトに参加した。

実際に participate in a survey「(アンケート)調査に参加する」というのが出題されたことがあります。attend X「X に参加する」との違いとしては、participate のほうが意見を言ったりして能動的に参与する感じです。

解答目標タイム 15 秒

6. GHW Toys has ------- an agreement with Anyang Group of Korea to market its new range of handheld games there.

(A) afforded
(B) reached
(C) assisted
(D) provided

□ **market** 動 〜を市場に出す
□ **range** 名 シリーズ 類 series
□ **handheld** 形 手に持てる

6. (B) reached

1. 選択肢には動詞の -ed 形が並んでいます。

2. 空欄の後ろには an agreement「合意」という語が来ています。

3. この語と相性がいいのは reach(ed) です。reach an agreement with X で「X との合意に達する」という意味です。afford は afford X「X を買う余裕がある」、afford to do「〜をする余裕がある」という形で使われます。assist「〜を手伝う」と provide「〜に提供する」には assist A with B「A を B のことで手伝う」、provide A with B「A に B を提供する」という A with B をとる形がありますが、今回は A の位置に人ではなく「合意」が来ているので意味が通りません。

訳▶ GHW トイズ社は、韓国でポータブルゲームの新シリーズを市場に出すために、韓国のアニャングループとの合意に達した。

□ **reach an agreement**　合意に達する

関連語句
□ **come to an agreement**　合意に達する
After long negotiations, the two corporations have finally come to an agreement.
長い交渉の末、ようやく2社は合意に達した。

make an agreement with X「X と契約を結ぶ」も一緒に覚えておきましょう。

⏰ 解答目標タイム **10** 秒　　　▶05

7. All of the company's financial data is ------- available for review by stock holders via the Web site.

(A) previously
(B) readily
(C) formerly
(D) purely

☐ **financial** 形 財政の
☐ **review** 名 復習・総覧
☐ **stock holder** 株主　類 shareholder
☐ **via X** Xを通して　類 through X

7. (B) readily

1. 選択肢には -ly で終わる副詞が並んでいます。
2. 空欄の前には be 動詞の is、後ろには available という形容詞が来ています。
3. この形容詞と相性のいいのは readily「すぐに・簡単に」です。readily available「すぐに利用できる」は Part 5 で何度も出題されているフレーズです。previously と formerly は「以前は」という意味なので過去のことを表す場合に使います。purely は「純粋に」という意味です。

訳▶ 社のすべての財政データは、ホームページを通して株主がすぐに閲覧できるようになっています。

□ be readily available　すぐに利用できる

関連語句　□ **be available to + 人**　人に利用できる
This information is not available to the public.
この情報は一般に公開されていません。

be available for X「X に利用できる」、be available to do「～するのに利用できる」も覚えておきましょう。

This cottage is available for rent during summer.
このコテージは夏の間利用できます。

解答目標タイム 10 秒

8. Katz café ------- to attract new clientele by revising its menu and extending its operating hours.

   (A) limited
   (B) enforced
   (C) attempted
   (D) advertised

□ **attract** 動 ～を引きつける
□ **clientele** 名 顧客（集合的に） 類 clients
□ **by doing** ～することによって
□ **revise** 動 ～を改訂する
□ **extend** 動 ～を拡大する・～を伸ばす
□ **operating hours** 営業時間

8. (C) attempted

1. 選択肢には動詞の -ed 形が並んでいます。
2. 空欄の後ろには to attract という to 不定詞が続いています。
3. 不定詞を目的語にとれるのは attempt(ed) です。attempt to do で「〜しようと試みる」という意味になります。limit「〜を制限する」は be limited to X で「X に制限されている」という意味になります。enforce は「〜を施行する」、advertise は「〜を広告する」という意味です。

訳▶ カッツ・カフェはメニューを変更し、営業時間を延長することによって新しい顧客を引きつけようとした。

□ attempt to do 〜しようと試みる
類 try to do

関連語句   □ **make an effort to do** 〜しようと努力する
The marketing division makes an effort to keep up with trends.
マーケティング部は流行に遅れないように努力している。

endeavor to do「〜しようと努力する」という表現もあります。

🕐 解答目標タイム 15 秒　　　▶05

9. Kenways, Inc., ------- the catering industry with a range of disposable items such as napkins and plastic cutlery at discount rates.

(A) defends
(B) utilizes
(C) introduces
(D) supplies

□ **catering** 名 ケータリング (食事の出前と給仕をするサービス)
□ **industry** 名 産業
□ **a range of X** 様々なX
□ **disposable** 形 使い捨ての
□ **cutlery** 名 刃物類 (スプーン・フォーク・ナイフの類)
□ **at discount rates** 割引価格で

9. (D) supplies

1. 選択肢には動詞の三人称単数形が並んでいます。
2. 空欄の後ろには the ... industry と with ... items という A with B の形が来ています。
3. この形をとることのできる動詞は supply です。supply A with B で「A に B を供給する」という意味になります。defend は「〜を擁護する」、utilize は「〜を利用する」、introduce は「〜を紹介する・〜を導入する」という意味の動詞です。

訳▶ ケンウェイズ社は、ケータリング業社にナプキンやプラスチック製の刃物類などの様々な使い捨て商品を割引価格で提供している。

❌ □ supply A with B　AにBを供給する

AにBを与える形の動詞の言い換え
A (人) に B (モノ) を与えるの語順を変えると前置詞が変わるので要注意です。

provide A with B → provide B to/for A
supply A with B → supply B to/for A

They provided the conference attendees with food and water.
They provided food and water to/for the conference attendees.
彼らは会議の参加者へ水と食べ物を提供した。

10. Walker Farms posted record profits this year ------- the bad weather that the state experienced in March.

(A) in addition to
(B) in the event of
(C) in regard to
(D) in spite of

- **post profits** 利益を計上する
- **post record profits** 記録的な利益を上げる
  類 make record profits
- **weather** 名 天気
- **state** 名 州
- **experience** 動 〜を経験する 類 go through

10. (D) in spite of

1. 選択肢には in から始まる群前置詞が並んでいます。
2. 空欄の後ろには the bad weather「悪天候」、前には posted record profits「記録的利益を上げた」とあります。
3. よって、ここに in spite of X「X にもかかわらず」を入れれば、「悪天候にもかかわらず記録的利益を上げた」となり文意が成立します。他の選択肢は in the event of X「X の場合には」、in regard to X「X に関して」、in addition to X「X に加えて」という意味になります。

訳▶ ウォーカー・ファームズは、3月にその州の天候が悪かったにもかかわらず、今年、記録的利益を上げた。

□ in spite of X　X にもかかわらず・X だが

関連語句　□ **despite X**　X にもかかわらず・X だが
Despite the heavy traffic, Jaejoong made it to the meeting.
道は混雑していたが、ジェジュンは会議に間に合った。

同義表現に for all X、with all X などがあります。

解答目標タイム 15秒

11. It is a company policy that every staff member be ------- of speaking two or more languages.

(A) reliable
(B) trained
(C) capable
(D) trusted

□ **company policy** 会社の方針
□ **staff member** 職員・社員
□ **language** 名 言語

> 文頭の It は that 以下を指していて、「これが会社の方針です＝〜できなければなりません」という要求の意味があるので、仮定法現在になっており、that 節の中の動詞は be という原形になっています。

11. (C) capable

1. 選択肢には -able もしくは -ed で終わる形容詞、動詞の過去形または過去分詞が並んでいます。
2. 空欄の前には be 動詞、後ろには of doing の形が来ています。
3. よって、capable を入れて be capable of doing「〜する能力がある」というフレーズを完成させればよいとわかります。reliable は「信用できる・頼りになる」という意味の形容詞です。trained は be trained to do「〜するよう訓練される」のように to 不定詞を伴う形であれば正解になりえます。trusted は be trusted to do「〜すると信頼されている」という形をとることはできます。

訳▶ 社員全員が2カ国語以上話すことができるというのが会社の方針です。

□ be capable of doing 〜できる

関連語句
□ **be able to do** 〜できる
反 be unable to do 〜できない
Peter was able to cope with the difficulties.
ピーターは困難に対処することができた。

be capable of doing と be able to do を混同して be capable to do としないように注意してください。ちなみに、名詞 ability「能力」を使って have the ability to do ということもできます。

12. The seminar by marketing expert Wendy White was well ------- by students and professional marketers, and she is likely to be invited back.

(A) attended
(B) known
(C) deserved
(D) suited

□ **expert** 名 専門家
□ **marketer** 名 マーケッター・マーケティングの専門家
□ **be likely to do** 〜する確率が高い・〜らしい
□ **invite** 動 〜を招待する

12. (A) attended

1. 選択肢には動詞の過去形・過去分詞が並んでいます。

2. 空欄の前に well という副詞がありますが、選択肢の語はどれもこの副詞と相性がいいのでヒントとして使うことはできません。well の前には be 動詞があるので、ここには受動態になる過去分詞が入ります。さらに、空欄の後ろには by + 名詞があるので能動態にした場合 students and ... marketers が主語になるとわかります。

3. つまり、students and ... marketers ------- the seminar という構造ができ上がります。よって、attend(ed)「〜に出席する」を入れれば意味が通ります。選択肢はすべて well を伴って well attended「出席者の多い」、well known「よく知られた」、well deserved「(賞・罰などを)受けるに値する」、well suited「適している」という意味になります。

訳▶ マーケティングの専門家ウェンディー・ホワイトのセミナーには学生やプロのマーケターなど多くの人が出席したので、彼女はまた招待されるだろう。

> これらは後ろの名詞を修飾する場合、well-known actor「著名な俳優」のように well と過去分詞の間にハイフンをつけて、1語の形容詞として使われます。

❌ □ **well attended**　出席者の多い

関連語句　attend の派生語

□ attendance	出席・出席者数
□ attendee	出席者
□ attendant	係員・案内係
□ attention	注意
□ pay attention to X	Xに注意を払う

解答目標タイム 15 秒

13. A range of beverages should be stocked in the kitchen ------- they can be served to customers or suppliers who visit unannounced.

(A) as if
(B) even if
(C) so that
(D) except that

□ **a range of X** 様々なX
□ **beverage** 名 飲み物 類 drink
□ **stock** 動 〜を貯蔵する
□ **serve A to B** A（飲み物など）をB（人）に提供する
□ **customer** 名 顧客
□ **supplier** 名 （供給）業者
□ **visit unannounced** 取次なしで（予告なしに）訪れる

enter unannounced「予告なしに入る」、arrive unannounced「予告なしに到着する」といった表現もあります。

13. (C) so that

1. 選択肢には2語で接続詞の働きをするものが並んでいます。

2. 空欄の前の節には beverages should be stocked「飲み物を貯蔵しておいたほうがよい」とあり、後ろの節には they (= beverages) can be served to customers and suppliers「顧客や業者に出すことができる」とあります。

3. よって、ここに so that「〜できるように」を入れれば、顧客や業者に出せるように、飲み物を貯蔵しておいたほうがよい」となり意味が通ります。so that 節の中の動詞は can や may とともに使われることがよくあります。他の選択肢は as if「まるで〜のように」、even if「たとえ〜でも」、except that「〜であることを除いては」という意味になります。

訳▶ 急な来客や業者にお出しできるように、様々な飲み物をキッチンに貯蔵しておいたほうがよいですね。

□ **so that** 〜できるように・〜するために

関連語句
□ **in order that** 〜できるように
In order that employees may feel satisfied with their work, supervisors will conduct a survey of their working environment.
社員が仕事に満足できるように、上司たちは職場環境に関する調査を行う。

ほかにも that 節とともに用いられる接続詞は頻出です。provided (that)/suppose (that)「もし〜ならば」、given (that)「もし〜ならば・〜を考慮すると」、in that「〜の点で」などを覚えておきましょう。

解答目標タイム **15** 秒

14. A team meeting is held every Friday, which ------- staff to bring up and discuss any concerns that they have had during the week.

(A) suggests
(B) allows
(C) involves
(D) affects

- **be held** 開かれる 類 take place
- **bring up** ～を話題に出す
- **discuss** 動 ～について話し合う 類 talk about
- **concern** 名 懸念・問題 類 worry

14. (B) allows

1. 選択肢には動詞の三人称単数形が並んでいます。
2. 空欄の後ろには staff、その後ろには to bring up という to 不定詞が続いています。
3. この形をとることができる動詞は allow「〜を許す」です。allow X to do「X が〜できるようにする・X が〜することを許す」という意味になります。今回の問題では which は team meeting を受けており、「チームミーティングによって、問題を話題に出して、それについて話し合いをすることができる」と解釈できます。suggest「〜を提案する・〜を示唆する」、involve「〜を巻き込む・〜を伴う」、affect「〜に影響する」は X to do の形をとることができません。

訳▶ チームミーティングは毎週金曜日開かれており、スタッフはその週に感じたどんな懸念でも話題に出し、それについて話し合うことができる。

□ allow X to do　X が〜できるようにする

関連語句　□ enables X to do　X が〜できるようにする
This training seminar enables employees to understand the company's security policy better.
このセミナーにより、社員は会社のセキュリティポリシーをより深く理解することができる。

解答目標タイム 20 秒

15. The company has ------- the release of the new version of the software until developers have resolved all problems.

(A) united
(B) concluded
(C) resulted
(D) postponed

□ **release** 名 発売
□ **developer** 名 開発者
□ **resolve** 動 〜を解決する

15. (D) postponed

1. 選択肢には動詞の -ed 形が並んでいます。
2. 空欄の後ろには the release ... という名詞のかたまりと until SV の形が続いています。
3. よって、postpone「〜を延期する」を入れて、TOEIC 頻出の postpone A until B「A を B まで延期する」というフレーズを完成させればよいとわかります。その他の選択肢は unite「〜を統合させる・〜を合併させる」、conclude「〜と結論づける・終了する」という意味、result は result from X「X に由来する・X が原因である」、result in X「X という結果になる・X をもたらす」という意味になります。

訳▶ 開発者がすべての問題が解決するまで会社はソフトウェアの新しいバージョンの発売を延期した。

□ **postpone A until B**　A を B まで延期する

関連語句　□ **put off A until B**
Jason has put off the appointment to meet with his client until next week.
ジェイソンはクライアントに会う約束を来週まで延期した。

ほかにも delay A until B、defer A until B などという表現があります。

Part 6 に頻出の
フレーズ **15**

Part 6

目標解答タイムの目安

5分35秒

グルグル 記録のまとめ欄

	実施日	正解数
1 (1回目)	月 日〜 月 日	/15
2 (2回目)	月 日〜 月 日	/15
3 (3回目)	月 日〜 月 日	/15
4 (4回目)	月 日〜 月 日	/15
5 (5回目)	月 日〜 月 日	/15

Part 6 に頻出のフレーズ 15   199

⏰ 解答目標タイム 20 秒　　　　　　　　　▶06

1. Thank you for contacting me about becoming a member of the Marshland Preservation Society. ------- please find a membership application form that you should fill out and mail back.

   (A) Closed
   (B) Inspected
   (C) Attached
   (D) Sealed

□ **marsh**　名 沼地・湿地
□ **preservation**　名 保護
□ **application form**　申込書
□ **fill out**　〜を記入する　類 complete

1. (C) Attached

1. 選択肢には動詞の -ed 形が並んでいます。
2. 空欄の後ろには please find a ... form という形が続いています。
3. よって、ここに Attached を入れれば、Attached please find X「X を添付しました」という特殊な語順のフレーズが完成します。実際に Part 6 で問われたこともある表現なので必ず覚えておきましょう。closed「閉まった」は、手紙で使われる Enclosed please find X「X を同封しています」との混同を狙ったひっかけです。その他の選択肢はそれぞれ、inspect「〜を調べる」、seal「〜に封をする」という意味です。

訳▶ マーシュランド・プリザベーション・ソサエティーの会員になることに関してご連絡いただきありがとうございます。会員申込書を添付しました。ご記入の上ご返送ください。

☒ □ **Attached please find X**　X を添付しました

関連語句　□ **Attached is X**　X を添付してあります
Attached is a tentative itinerary for your business trip.
仮の出張旅程を添付しました。

もちろん倒置を使わず X is attached. とも書くこともできます。また、Enclosed please find X「X を同封してあります」、X be included with this letter「X がこの手紙に同封されています」などの表現も出題されています。

解答目標タイム 30 秒

2. Membership payments are due next month, so remember to pay before December 1. Members making payments after the due date ------- to an extra charge of $15.

(A) have been subjected
(B) will be subjected
(C) were subjected
(D) had been subjected

- **payment** 名 支払い
- **due** 形 支払い期限の
- **due date** 支払期日
- **remember to do** 忘れずに〜する
- **extra charge** 追加料金 類 additional fee

2. (B) will be subjected

1. 選択肢には be subjected が様々な時制で並んでいます。

2. 空欄の後ろにある to とセットで be subjected to X「X を受ける」という意味になります。空欄に入る動詞の主語は Members で、Members (making...) ------ to an extra charge「(期限より後に支払いをした) 会員は追加料金を払う／払った」という構造になっていることがわかります。

3. しかし、空欄のある文だけでは、時間を特定することはできません。そこで、前の文を見ると payments are due next month「支払いは来月が期限です」とあるので、未来のことが話題になっているとわかります。よって、未来形の will be subjected が正解です。

> こういった空欄のある1文だけでは時制を特定することのできない問題(文脈時制問題)は Part 6 によく出てきます。

訳▶ 会費の支払い期限は来月なので、12月1日までに支払いをしてください。期限より後に支払いをされた会員は15ドルの追加料金をお支払いいただくことになっています。

☒ □ be subjected to X　Xを受ける

関連語句　□ **be subject to X**　Xを受ける

　　　Prices are subject to change without notice.
　　　値段は予告なしに変更されることがあります。

> be subjected to は動詞 subject の受動態で、一度だけ行われるのに対し、形容詞の subject を使っている be subject to は「常にそうなる可能性がある」というニュアンスを含みます。

⏰ 解答目標タイム 20 秒　　▶06

3. Thank you for your generous donation to The Jones Foundation. Every dollar that you ------- the fund is carefully accounted for by an independent team of auditors.

(A) contribute to
(B) exchange for
(C) count on
(D) withdraw from

□ **generous donation**　寛大な寄付・多額の寄付
□ **fund**　名 基金
□ **account for X**　Xの説明をする　類 explain X
□ **independent**　形 独立した
□ **auditor**　名 監査員

3. (A) contribute to

1. 選択肢には動詞＋前置詞の形が並んでいます。
2. 空欄は関係代名詞 that のかたまりの中にあり、この that は every dollar を指しています。関係代名詞を取り除いて every dollar を元の位置に戻すと〈動詞＋ every dollar ＋前置詞＋ the fund〉のようになります。
3. よって、contribute to を入れれば contribute A to B「A を B に寄付する」という TOEIC 頻出フレーズができあがり、contribute every dollar to the fund「基金にすべてのお金を寄付する」となり文意に合います。その他のフレーズは exchange A for B「A を B と交換する」、count on X「X に頼る」、withdraw A from B「B から A（お金）を下ろす」という意味になります。

訳▶ ジョーンズ基金への寛大なご寄付をありがとうございました。基金へ寄付していただいたすべてのお金は外部の監査チームにきちんと説明してもらいます。

□ contribute A to B　A を B に寄付する

関連語句
□ make a contribution to X
X に寄付する・貢献する
Mr. Jolly has made an important contribution to robotics.
ジョリーさんはロボット工学に重要な貢献をした。

contribute to X「X に寄付する・X に貢献する」も重要表現ですので必ず覚えておきましょう。

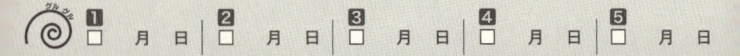

Part 6 に頻出のフレーズ15　205

⏰ 解答目標タイム 15秒　　　　　　　　▶06

4. Welcome to the Darnell Hotel, Atlanta's most luxurious hotel—right in the heart of the city. For your -------, the hotel offers a number of optional services including 24 hour room service and a well-equipped business center.

(A) profit
(B) convenience
(C) allowance
(D) reception

- □ **luxurious** 形 豪華な
- □ **right** 副 ちょうど
- □ **offer** 動 〜を提供する
- □ **a number of X** 数多くのX
- □ **optional** 形 オプションの・任意の
- □ **including X** Xを含む
- □ **well-equipped** 形 設備のよい
- □ **business center** ビジネスセンター（コンピューター、プリンター、コピー機などが用意されている部屋のこと）

4. (B) convenience

1. 選択肢には名詞が並んでいます。
2. 空欄の前には For と your があります。
3. さらに、空欄のある文を読むと、「ホテルは様々なサービスを提供している」とあります。よって、ここに convenience「利便性」を入れれば for your convenience「あなたの（便宜の）ために」というフレーズができあがり文意が成立します。他の選択肢は profit「利益」、allowance「手当・支給金」、reception「受信・容認・応接」という意味です。

訳▶ アトランタ市内の中心地にある最も豪華なホテル、ダーネルホテルにようこそお越しくださいました。当ホテルは、お客様のために24時間のルームサービスや設備のよいビジネスセンターを含む数多くのオプションを提供しております。

□ for your convenience
あなたの（便宜の）ために

関連語句
□ **it is convenient for X to do**
X が〜するのに都合がよい
When will it be convenient for you to visit our office?
私どものオフィスにいらっしゃるのに、いつご都合がよろしいですか。

When will you be available?「いつ暇ですか／時間がありますか」も一緒に覚えておきましょう。

⏱ 解答目標タイム 25 秒　　　▶06

5. A rival company has recently released a hybrid vehicle which is selling extremely well, so we will be bringing forward the release date of our new vehicle. It is important that the final preparations at the factory be made in a ------- manner.

(A) personal
(B) busy
(C) timely
(D) fair

□ **recently** 副 最近　類 lately
□ **hybrid vehicle** ハイブリッド車
□ **release** 動 ～を発売する　名 発売
□ **bring forward** ～を早める　反 put off ～を延期する
□ **make preparations** 準備する
□ **factory** 名 工場

5. (C) timely

1. 選択肢には形容詞が並んでいます。
2. 空欄の前には in a、後ろには manner があるので、この manner「方法・態度」を適切に修飾するものを選びます。
3. timely「時宜にかなった」を入れれば in a timely manner「時宜を得た方法で・ただちに」という TOEIC 頻出フレーズが完成します。busy は「忙しい」、personal は「個人的な」、fair は「公正な」という意味です。

訳▶ ライバル会社は、非常によく売れているハイブリッド車を最近発売しましたので、我々の新車の発売日を早めようと思います。工場の最終準備はただちに行う必要があります。

□ in a timely manner
時宜を得た方法で・直ちに

関連語句　□ **in a calm manner**　落ち着いた態度で
Customer service representatives have to address customers' complaints in a calm manner.
顧客サービス担当は顧客の苦情に落ち着いた態度で対応しなければならない。

in a courteous/polite manner「礼儀正しく」も一緒に覚えておきましょう。

🕐 解答目標タイム **20**秒　　　　　　　　▶06

6. All GeoBird vehicles come with a five-year warranty, which covers all mechanical faults. As your car was purchased from us three years ago, it is ------- warranty. Please mention this to the mechanic when you bring it in.

(A) out of
(B) inside
(C) aside from
(D) under

□ **warranty** 名 保証
□ **cover** 動 〜を補償する
□ **mechanical fault** 機械の故障
□ **purchase** 動 〜を買う 類 buy
□ **mention** 動 〜について述べる

6. (D) under

1. 選択肢には前置詞(句)が並んでいます。
2. 空欄の後ろには warranty「保証」という名詞があります。
3. この語と相性がいいのは under X「Xの下に・Xを受けて」です。under warranty で「保証の範囲内で」という意味になります。他の選択肢は皆、内や外に関する前置詞ですが out of X「Xの外に」、inside X「Xの内側に」、aside from X「Xはさておき」は warranty とつながりません。

訳▶ ジオバード車全車には、すべての機械の故障をカバーする5年間の保証がつきます。お客様の車は3年前に購入されていますので、まだ保証の範囲内です。修理工に持っていく際にはこのことをお伝えください。

□ X is under warranty
Xは保証の範囲内である

X is covered by a warranty、X is guaranteed と言い換えることもできます。

関連語句 意外な意味の under + 名詞
□ **under construction** 工事中
The theater on Granville Street is still under construction.
グランヴィル通りにあるその劇場はまだ工事中だ。

「〜中」という意味の under も何度か出題されているので覚えておきましょう。under consideration「検討中」、under discussion「審議中」、under way「進行中」などがあります。

解答目標タイム 30秒　　　　　　　　　06

7. Service calls for photocopiers are charged at a minimum of $50 per visit. Before making a call to the service department, please check that the machine is being used correctly by checking the user's manual, which explains all of the functions and procedures in -------.

(A) review
(B) position
(C) fact
(D) detail

- □ **service call** 訪問修理サービス
- □ **charge** 動 ～に請求する・(金額) がかかる
- □ **a minimum of X** 最低でもX
- □ **per X** Xにつき
- □ **make a call to X** Xに電話する
- □ **by doing** ～することによって
- □ **explain** 動 ～を説明する
- □ **function** 名 機能
- □ **procedure** 名 手順

7. (D) detail

1. 選択肢には名詞が並んでいます。

2. 空欄の前には前置詞 in があります。選択肢にある名詞はどれもこの前置詞と相性がよく、in review「検討中で」、in position「所定の位置に」、in fact「実際は・実際に」、in detail「詳細に」というフレーズをつくります。

3. which のかたまりの文意をとると、which (= user's manual) explains ... functions and procedures「ユーザーマニュアルは機能と手順を説明している」とあるので、in detail を入れて「詳細に説明している」とすればよいとわかります。

訳▶ コピー機の修理依頼サービス電話は最低でも1回に50ドルかかります。サービス課に電話をする前にユーザーマニュアルをチェックして機械が正しく使われていることを確認してください。マニュアルにはすべての機能と手順が詳細に説明されています。

□ **in detail**　詳細に

関連語句　　□ **thoroughly**　完全に・とことん
Erica's team discussed their project thoroughly.
エリカのチームは彼女たちの計画についてとことん話し合った。

rigorously「厳しく・厳密に」なども類語です。形容詞の rigorous「厳格な」も出題されたことがあるので覚えておきましょう。

解答目標タイム **20**秒

8. A new company policy which requires staff to submit request forms before making purchases has been approved by upper management. This policy will go into ------- tomorrow, November 1. The forms can be found in the cabinet beside the conference room.

(A) view
(B) effect
(C) form
(D) relation

- **policy** 名 政策・方針
- **require X to do** Xに〜するよう求める
- **request form** 申請書
- **approve** 動 〜を承認する
- **upper management** 経営上層部
- **cabinet** 名 キャビネット・収納棚
- **conference room** 会議室

8. (B) effect

1. 選択肢には名詞が並んでいます。
2. 空欄の前には go into という形があります。
3. さらに主語は This policy「この方針」なので effect を入れて go into effect「実施される・効力を発揮する」というフレーズをつくれば文意が成立します。come into effect もほとんど同じ意味なので一緒に覚えておきましょう。他の選択肢は、view「見方」、form「形」、relation「関係」という意味です。

訳▶ スタッフに物の購入前に申請書の提出を求める、新しい会社の方針は経営陣によって承認されました。この政策は明日11月1日に施行されます。用紙は会議室のそばのキャビネットにあります。

□ **go into effect** 実施される・効力を発揮する

関連語句　□ **put X into effect**
X を実施する・X を実行する
Starting next month, Othello G, Inc., will put the new marketing plan into effect.
来月からオセロ G 社は新しいマーケット計画を実施する。

⏰ 解答目標タイム **20**秒　　　▶06

9. You can contact me at any of my phone numbers at any time. Please do not ------- to call me, even on my home number, if you have any plumbing emergencies.

(A) attempt
(B) hesitate
(C) bother
(D) register

□ **contact A at B**（電話番号）　BにかけてAに連絡する　類 call A at B
□ **plumbing**　名 配管（工事）　※発音注意 [b] は発音しない
□ **emergency**　名 緊急事態

9. (B) hesitate

1. 選択肢には動詞が並んでいます。
2. 空欄の後ろには to call という不定詞が来ています。attempt to do「～しようと試みる」、hesitate to do「～するのをためらう」、bother to do「わざわざ～する」というフレーズが考えられます。
3. 文意をとると「たとえ自宅の電話番号でも」とあり、空欄の前には Please do not があるので、hesitate を入れて、Please do not hesitate to do「お気軽に～してください」という TOEIC 超頻出のフレーズをつくればよいとわかります。register「登録する」(≒ sign up) は register for X「Xに登録する」という形でよく出てきます。

訳▶ 私の電話番号の中のどれにかけていただいてもいつでも私と連絡がとれます。配管の緊急事態には自宅の電話番号であってもお気軽におかけください。

❏ Please do not hesitate to do
気軽に～してください

関連語句
❏ **feel free to do** 気軽に～する
Should you have any questions, please feel free to contact us.
もし何か疑問がございましたら、お気軽にご連絡ください。

どちらの表現も手紙やEメールなどの文書によく出てきます。

⏰ 解答目標タイム 20秒

10. The university will periodically send out transcripts of grades as well as information about upcoming events. Please ------- us of any change to your contact details including your address and phone number.

(A) notify
(B) interest
(C) teach
(D) assist

- **periodically** 副 定期的に
- **send out** 〜を発送する
- **transcript** 名 成績証明書・写し
- **grades** 名 成績
- **change to X** Xの変更
- **details** 名 詳細
- **including X** Xを含む

10. (A) notify

1. 選択肢には動詞が並んでいます。
2. 空欄の後ろには us という人と of + 名詞の形が続いています。
3. よって、notify を入れて notify + 人 + of + 事「人に〜を知らせる」という TOEIC 頻出フレーズを完成させればよいとわかります。他の選択肢は interest + 人 + in + 事「人に〜に興味を持たせる」、teach + 人 + 事「人に〜を教える」、assist + 人 + with + 事「人の〜を手伝う」という形はとれますが、人 + of + 事の形はとりません。

訳▶ 大学は、近く行われるイベントのお知らせと成績証明書を定期的に発送しています。住所、電話番号を含む連絡先の詳細に変更がある場合はお知らせください。

❌ □ notify A of B A に B を知らせる

関連語句 □ **remind A of B** A に B を知らせる・A に B を思い出させる

The secretary reminded the president of the shareholders' meeting.
秘書は社長に株主総会のことを思い出させた。

同義表現の inform A of B「A に B を知らせる」も頻出です。

🕐 解答目標タイム **25**秒 ▶06

11. Employees are not expected to pay for expenses incurred during business trips, so keep receipts for everything, including meals and transportation. The company will ------- you for all of these costs at a later date.

(A) bill
(B) charge
(C) caution
(D) reimburse

□ **employee** 名 社員
□ **be expected to do** ～することを期待される
□ **incur** 動 ～を負う・～をこうむる
□ **meal** 名 食事
□ **transportation** 名 交通 (機関)

11. (D) reimburse

1. 選択肢には動詞が並んでいます。

2. 空欄の後ろには you という人と for + 名詞の形があります が、bill A for B「A に B の勘定書を送る・A に B を請求する」、charge A for B「A に B の代金を請求する」、caution A for B「A に B のことで注意をする」、reimburse A for B「A に B を払い戻す」のように、すべての選択肢がこの形をとることができます。

3. for の後ろにある all these costs「これらのすべての経費」とは、前文の出張中に生じた expenses「経費」のことです。また Employees are not expected to pay「社員は払う必要はない」とあるので、reimburse を入れて、「会社が経費を払い戻す」とすれば意味が通ります。

訳▶ 社員は出張中に生じた経費を払う必要はありません。食事と交通費を含むすべての領収書を保管しておいてください。会社は後ほどこれらの経費をすべて払い戻しいたします。

□ **reimburse A for B** A に B を払い戻す

関連語句　□ **pay back** 払い戻す
The company will pay you back for all the expenses.
会社がすべての経費を払い戻します。

解答目標タイム **20**秒

12. In ------- to numerous requests for more exotic fruits and vegetables, the supermarket is considering expanding its selection. Please fill out this survey so that we can identify the varieties most sought after by our customers.

(A) opposition
(B) reference
(C) contrast
(D) response

- **numerous** 形 多数の
- **request** 名 要請
- **exotic** 形 異国風の
- **consider doing** 〜することを検討する
- **expand** 動 〜を拡大する
- **selection** 名 選択・品ぞろえ
- **fill out** 〜を記入する　類 complete
- **survey** 名 調査・アンケート　類 questionnaire
- **so that S can V** SがVできるように
- **identify** 動 〜を特定する
- **variety** 名 種類
- **seek** 動 〜を求める（seek – sought – sought）
- **customer** 名 客

12. (D) response

1. 選択肢には名詞が並んでいます。

2. 空欄の前には in、後ろには to があるので、それぞれ in opposition to X「X に反対して」、in reference to X「X に関して・X を参照して」、in contrast to X「X と対照的に」、in response to X「X に応えて・X に応答して」というフレーズをつくることができます。

3. to の後ろには、... requests for more ... fruits and vegetables「より多くの異国風のフルーツと野菜の要望」、という名詞句が、さらに主節には the supermarket is considering expanding its selection「スーパーマーケットは品ぞろえを拡大しようと考えている」とあるので、response を入れて「要望に応えて品ぞろえを拡大する」とすれば意味が通ります。

訳▶ より多くの異国風フルーツと野菜を求める要望に応えて、スーパーマーケットは品ぞろえを拡大しようと考えています。お客様に最も求められている種類を特定するためにアンケートにご記入してください。

□ **in response to X**　X に応えて・X に応答して

関連語句　□ **in reply to X**　X に応えて・X の返事に
I'm writing in reply to your classified advertisement, posted on Jobgets.com.
ジョブゲッツ.com に掲載されていた御社の募集広告に応募するためにこの手紙を書いています。

ほかにも in answer to X という表現があります。

解答目標タイム 25 秒

13. The turnout for the sale on the weekend was much higher than expected, and we were able to sell most of our older stock. The staff is very ------- with this result and will be holding another sale this coming Sunday.

(A) pleased
(B) annoyed
(C) disappointed
(D) examined

- □ **turnout** 名 出席者数
- □ **than expected** 予期されたよりも
- □ **be able to do** ～できる
- □ **stock** 名 在庫
- □ **result** 名 結果
- □ **hold** 動 ～を開催する

13. (A) pleased

1. 選択肢には動詞の -ed 形が並んでいます。

2. 空欄の前には is very、後ろには with が来ています。さらに主語には staff という人が来ているので、be pleased with X「Xに満足する・喜ぶ」、be annoyed with X「Xにいらいらする」、be disappointed with X「Xにがっかりする」という感情を表すフレーズに絞られます。

3. 前文には「セールを訪れた人は予想よりも多く、在庫を売り切った」とあり、空欄のある文には「セールをまた行う」とあるので、pleased を入れて「結果に満足している」とすれば意味が通ります。examine は「～を調べる」という意味です。

訳▶ 週末のセールへ訪れた人の数は予想よりも多く、古い在庫をほとんど売り切ることができました。スタッフはこの結果にとても満足しており、今週の日曜日にもまたセールを行います。

□ be pleased with X　Xに満足する・Xを喜ぶ

関連語句　□ **be satisfied with X**
The CEO was very satisfied with employees' performance.
社長は社員の成果に満足している。

ほかにも be happy with X、be contented with X、be content with X などが類義表現にあります。

⏰ 解答目標タイム 25 秒　　　▶06

14. To cover extra shipping fees and the rising cost of production, it is necessary for ADF Enterprises to revise its pricing structure. As of April 1, the cost of five kilograms of rice will ------- by 75 cents.

(A) lift
(B) increase
(C) raise
(D) deduct

- □ **cover** 動 ～を補う
- □ **extra** 形 余分な
- □ **shipping fee** 輸送費
- □ **it is necessary for X to do** Xが～する必要がある
- □ **revise** 動 ～を変更する・改定する
- □ **as of X** Xから・Xの時点において

14. (B) increase

1. 選択肢には動詞が並んでいます。
2. 主語には the cost of ... rice「米の値段」、空欄の後ろには by 75 cents という前置詞句が続いています。
3. よって、ここに increase「上昇する」を入れれば、increase by X「X差上昇する」というフレーズができあがり「米の原価が75セント上昇する」となり文意が成立します。lift「～を持ち上げる」、raise「～を上げる」、deduct「～を差し引く・～を控除する」は他動詞なので後ろに目的語をとらなければなりません。increase には自動詞「上がる」と他動詞「～を上げる」、両方の用法があります。

訳▶ 追加の輸送費と高騰した生産費用を補うために、ADFエンタープライズは価格構成を変更する必要があります。4月1日から5キロの米の原価を75セント上昇させます。

□ **increase by X**　X差上昇する・増加する
類 rise by X

関連語句　□ **decrease by X**　X差減少する
類 fall by X
Sales have decreased by 20% these last three months.
ここ3カ月で売上は20パーセント減少した。

名詞で使う場合は increase of 20%「20パーセント差の上昇」のように by ではなく of をとります。また、increase in X「Xの増加」(例: increase in tax「増税」) という意味になる in が出題されたこともあります。

⏰ 解答目標タイム **20**秒　　　▶06

15. This letter is to inform you that you have been formally offered a position at Comblock, Inc. We would like you to start work as soon as possible. We enjoyed meeting you in the interviews and ------- forward to working with you soon.

(A) see
(B) appear
(C) look
(D) view

□ **inform X that SV**　XにSがVすると知らせる
□ **offer A B**　AにBをオファーする
□ **as soon as possible**　できる限り早く
□ **enjoy doing**　〜することを楽しむ
□ **interview**　名 面接

15. (C) look

1. 選択肢には「見る」に関する動詞が並んでいます。
2. 空欄の後ろには forward to doing の形が続いています。
3. よって、look を入れれば look forward to doing「~するのを楽しみに待つ」という TOEIC 頻出フレーズが完成します。to の後ろは動詞の原形ではなく -ing 形になるので要注意です。他の選択肢は see「~を見る・~に会う」、appear「現れる・~のように見える」、view「~を見る」という意味です。

訳▶ これは、コンブロック社での職を正式にオファーいたしますことをお知らせする手紙です。できる限り早めにお仕事を始めていただけたらと思っています。面接ではお会いできてうれしかったです。すぐに一緒に働けることを楽しみにしております。

❌ □ look forward to doing
~するのを楽しみに待つ

関連語句 □ **have expectations of X**　X に期待を抱く

Caroline has expectations of getting a return on her investment in the next few months.

キャロラインは数カ月後に投資収益を受け取るのを楽しみにしている。

Part 7

Part 7に頻出の
フレーズ **15**

目標解答タイムの目安

4分00秒

グルグル 記録のまとめ欄

	実施日	正解数
1 (1回目)	月 日～ 月 日	/15
2 (2回目)	月 日～ 月 日	/15
3 (3回目)	月 日～ 月 日	/15
4 (4回目)	月 日～ 月 日	/15
5 (5回目)	月 日～ 月 日	/15

解答目標タイム 15 秒　　▶07

1. The museum is ------- to the general public on weekdays between the hours of 9 A.M. and 6 P.M. and on weekends until 8 P.M.

   (A) receivable
   (B) accessible
   (C) comparable
   (D) attainable

□ **general public** 一般の人々
□ **weekday** 名 平日
□ **between A and B** AとBの間
□ **until X** Xまでずっと

1. (B) accessible

1. 選択肢には形容詞が並んでいます。
2. 空欄の前には be 動詞、後ろには to + 人の形が来ています。
3. 主語は The museum なので、accessible を入れれば A be accessible to B「A は B にとって利用できる・利用しやすい」という TOEIC 頻出のフレーズが完成し、文意に合います。receivable は「受け取れる」、attainable は「達成できる」という意味です。comparable「比較できる・匹敵する」は be comparable to X「X に相当する」というフレーズで to とともに使われます。

訳▶ 美術館は、平日は午前9時から午後6時まで、週末は午後8時まで一般に開館しています。

□ A be accessible to B
A は B にとって利用できる・利用しやすい

関連語句　□ **be open to X**　X に利用できる・X に公開している・X を受け入れる準備ができている

The national museum is open to the public.
その国立美術館は一般公開している。

Employees are open to changes in the work schedule.
社員は仕事のスケジュール変更を受け入れる準備ができている。

P.180 に出てきた be available to + 人「人に利用できる」も一緒に覚えましょう。

⏰ 解答目標タイム 15秒　　　▶07

2. To take ------- of this special offer, fill out the form in the back of the magazine and send it in to us by May 3.

(A) possession
(B) leave
(C) care
(D) advantage

□ **special offer**　特価提供
□ **fill out**　〜を記入する

2. (D) advantage

1. 選択肢には名詞が並んでいます。
2. 空欄の前には take、後ろには of があるので、take possession of X「X を手に入れる」、take leave of X「X に別れを告げる」、take care of X「X の世話をする」、take advantage of X「X を利用する」のフレーズの中で文脈に合うものを選びます。
3. of の後ろには this special offer「この特価提供」、その後ろには fill out the form「用紙に記入してください」とあるので、advantage を入れて、「この特価提供を利用するには、用紙に記入してください」とすれば文意が成立します。

訳▶ この特価提供で購入するためには、雑誌の後ろに載っている用紙に記入して5月3日までに私どもにお送りください。

□ take advantage of X
X を（うまく）利用する

関連語句　□ **make use of X**　X を利用する・活用する
We need to make use of all the resources that we have.
我々の持っているすべての資源を活用する必要がある。

ほかにも use X、utilize X「X を使用する」、benefit from X「X の利益を享受する」などの言い換えが考えられます。

解答目標タイム 15 秒

3. All employees are required to ------- with the new policy by removing all unauthorized software from their computers.

(A) prevail
(B) compete
(C) comply
(D) involve

- **be required to do** ～することを要求される
- **policy** 名 方針・政策
- **remove A from B** BからAを取り除く
- **unauthorized** 形 権限を与えられていない

3. (C) comply

1. 選択肢には動詞が並んでいます。
2. 空欄の後ろには with があるので compete with X「X と競争する」、comply with X「X に従う」が考えられます。
3. with の後ろには the new policy「新しい方針」とあるので、comply がふさわしいとわかります。involve「〜を含む」は基本的に他動詞として使います。be involved with X「X に関係している」という形で with とともに用いられます。prevail は「普及する・勝る」という意味です。

訳▶ 全社員はコンピューターから権限の与えられていないソフトウェアを取り除くという新しい方針に従わなければならない。

□ **comply with X**　X に従う

関連語句
　□ **adhere to X**　X を忠実に守る
　Every worker must strictly adhere to safety procedures.
　労働者は全員、安全手順を厳守しなければならない。

ほかにも follow X「X に従う」、observe X「X を順守する」、conform with X「X に従う」、abide by X「X を忠実に守る」などの表現があります。

解答目標タイム 15秒

▶07

4. Firmstack Storage allows customers to move into bigger or smaller containers as their needs change at no ------- fee.

(A) additional
(B) desired
(C) resolved
(D) exceptional

- **allow X to do** Xが〜できるようにする
- **container** 名 コンテナ・容器
- **as** 接 〜するとき
- **needs** 名 ニーズ・需要
- **transfer** 名 移動

4. (A) additional

1. 選択肢には形容詞が並んでいます。
2. 空欄の前には at no、後ろには fee が来ています。
3. よって、additional「追加の」を入れて at no additional fee「追加料金なしで」というフレーズをつくればよいとわかります。desired は「望ましい」、resolved「決心した」、exceptional は「例外的な・非常に優れている」という意味です。

訳▶ ファームスタック・ストレージでは、顧客のニーズが変わった場合、より大きなもしくはより小さなコンテナへの移動を追加料金なしで行うことができます。

☒ □ at no additional fee/charge/cost
追加料金なしで

関連語句　□ at no extra fee/charge/cost

You can change your reservation at no extra charge.
予約を追加料金なしで変更いただけます。

Part 5で at、no、additional、extra の部分が空所になって出題されたことがあるので、TOEIC では非常に重要視されている表現だとわかります。

解答目標タイム 15 秒

5. All new members joining Max Video Rentals this month are ------- to win a trip for two to Los Angeles.

(A) viable
(B) original
(C) possible
(D) eligible

□ **win** 動 ～を獲得する

5. (D) eligible

1. 選択肢には形容詞が並んでいます。
2. 空欄の前には are という be 動詞、後ろには to win という to 不定詞があります。さらに、全体の主語は new members という人です。
3. よって、ここに eligible を入れて、be eligible to do「〜する権利がある」というフレーズをつくれば文意に合います。ほかの選択肢は viable「実行可能な」、original「元の・最初の」、possible「可能な」という意味です。

訳▶ 今月新たにマックス・ビデオ・レンタルズのメンバーになられた方全員に、ロサンゼルスへのペア旅行券を獲得する権利があります。

□ be eligible to do 〜する権利がある

関連語句 □ **be entitled to do**

〜する権利が与えられている

Employees are entitled to decline their supervisors' demands if they are unreasonable.

上司の要求が理不尽な場合、社員はそれを断る権利がある。

ほかにも be authorized to do、be qualified to do、be permitted to do、be allowed to do などの言い換えが考えられます。

解答目標タイム 20 秒

▶07

6. When the concert was canceled, many ticket holders demanded that they be ------- for their transportation costs as well as the price of the tickets.

(A) praised
(B) compensated
(C) retrieved
(D) returned

□ **cancel** 動 ～を中止する
□ **demand that SV(原形)** SがVするよう要求する
□ **transportation cost** 交通費

6. (B) compensated

1. 選択肢には動詞の -ed 形が並んでいます。

2. 空欄の前には they (= ticket holders) という人と be 動詞、後ろには for their ... costs という for + 名詞の形が並んでいます。よって be praised for X「X のことで称賛される」、be compensated for X「X を補償してもらう」が考えられます。

3. for の後ろには transportation costs「交通費」が来ているので compensated が意味上ふさわしいとわかります。retrieve は「〜を回収する・〜を取り戻す」、return は「〜を戻す」という意味です。日本語訳だけ考えてしまうとひっかかりそうな選択肢です。ちなみに、空欄の前に be という動詞の原形があるのは demand that SV (原形)「S が V するのを要求する」という仮定法現在の構文になっているからです。

訳▶ コンサートが中止されたとき、チケット代だけでなく交通費も弁償するよう多くのチケット所有者は要求した。

□ compensate A for B
A の B を補償する・弁償する

関連語句　□ **praise A for B**　A を B のことで称賛する
Ms. Holtz was praised for the success of the fund-raising event.
ホルツさんは、資金調達イベントの成功を称賛された。

admire A for B、commend A for B が A for B の形をとる同義表現として有名です。

解答目標タイム 15 秒

7. The bank can only release private financial details to third parties with the written ------- of the account holder.

(A) allocation
(B) deposit
(C) inclusion
(D) consent

□ **release** 動 〜を公開する
□ **financial** 形 財政の
□ **details** 名 詳細
□ **third party** 第三者
□ **account holder** 口座名義人

7. (D) consent

1. 選択肢には名詞が並んでいます。
2. 空欄の前には冠詞の the と過去分詞 written があります。よって空欄には written が修飾する名詞が入ります。
3. この語と相性のいい名詞は consent「同意・承諾」です。written consent で「承諾書・書面による同意」という意味になります。他の選択肢は allocation「配分・割り当て」、deposit「預金・預入」、inclusion「包括」という意味です。

訳▶ 当銀行では、第三者への私的な金融状況の開示は、口座名義人の書面による同意がなされた場合にのみ行われます。

□ **written consent** 承諾書・書面による同意

関連語句　□ **written approval** 書面による承認
You cannot extend your vacation without your supervisor's written approval.
上司の書面による承認がない場合は休暇を延長することはできません。

ほかにも written acceptance「承諾書」、written agreement「契約書・同意書」、written claim「請求書」など written は様々な名詞とともに使われます。

8. Only applicants who meet all the ------- listed in the job advertisement will be contacted for an interview.

(A) openings
(B) requirements
(C) contradictions
(D) limitations

□ **applicant** 名 志願者・応募者　類 candidate
□ **job advertisement**　求人広告
□ **interview** 名 面接

8. (B) requirements

1. 選択肢には名詞の複数形が並んでいます。
2. 空欄の前に meet という動詞があることに注目します。
3. 関係代名詞 who のかたまりが修飾している名詞は applicants「応募者」です。なので、ここに requirements を入れれば meet requirements「必要条件を満たす」というフレーズができあがり、「必要条件をすべて満たした応募者」となり意味が通ります。ほかの選択肢は opening「空き・求人」、contradiction「矛盾」、limitation「制限」という意味です。

> job opening「求職・求人広告」というフレーズも覚えておきましょう。

訳▶ 求人広告に挙げられている必要条件をすべて満たした応募者のみに面接の連絡が行きます。

□ **meet a requirement**　必要条件を満たす

関連語句　□ **meet demands**　要求を満たす

To apply for this position, applicants must meet all the following requirements.
この職に応募するためには以下の必要条件をすべて満たしている必要があります。

> meet needs「ニーズを満たす」、meet standards「基準を満たす」など、この meet はいろいろな語と使われて TOEIC に出てきます。

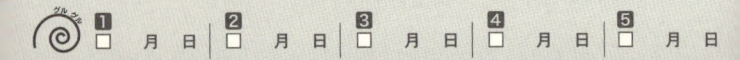

解答目標タイム 15 秒

9. Wypych Paper and Stationary has a huge variety of products and enough stock in its warehouse to ------- with orders of any size.

(A) deal
(B) bind
(C) resist
(D) urge

- **a variety of X** 様々なX
- **product** 名 製品
- **stock** 名 在庫
- **warehouse** 名 倉庫
- **order** 名 注文

9. (A) deal

1. 選択肢には動詞が並んでいます。
2. 空欄の後ろには with という前置詞と orders「注文」という名詞があります。
3. よって、ここに deal を入れて deal with X「X を扱う・X に対応する」を入れれば文意に合います。bind は「〜を結びつける」、resist は「〜に抵抗する」、urge は「〜を促す」という意味です。

訳▶ ウィピック・ペーパー・アンド・ステーショナリーは、どんな大きさの注文にも対応できるように、非常に多くの種類の製品を、倉庫に十分な量在庫として持っています。

□ **deal with X**　X を扱う・X に対応する

関連語句
□ **address X**　X に対応する・X について述べる・X に話しかける
This training is necessary to get you ready to address potential problems promptly.
起こりうる問題に迅速に対応できるようになるために、この研修は必要です。

deal with X、address X、handle X「X に対応する」、manage X「X を処理する」、respond to X「X に対応する」系の単熟語は Part 7 の言い換え問題に頻出です。

解答目標タイム **20**秒

10. As the concert is expected to sell out quickly, it is strongly ------- that you purchase your tickets on-line well in advance.

(A) recommended
(B) demonstrated
(C) anticipated
(D) calculated

□ **as** 接 〜なので
□ **be expected to do** 〜することが予期される
□ **sell out** 売り切れる
□ **strongly** 副 強く
□ **in advance** あらかじめ

10. (A) recommended

1. 選択肢には動詞の -ed 形が並んでいます。

2. 空欄の前には it is、後ろには that SV の形があるので、it = that 節の構文だと判断します。さらに、that 節の中には will purchase という未来形ではなく、purchase という原形が来ているので、仮定法現在を導く動詞が空欄に入るとわかります。

3. 仮定法現在を導く動詞は recommend「～を勧める」です。受動態を能動態に戻すと recommend that SV (原形)「S が V するように勧める」というおなじみの形が見えます。なお recommended の前には strongly や highly が置かれ「強く推奨される」という意味でよく出てきます。他の選択肢は demonstrate「～をはっきり示す・～を実証する」、anticipate「～を予期する」、calculate「～だと推定する・～を数える」という意味です。

訳▶ コンサートチケットはすぐに完売することが予想されますので、チケットをオンラインで余裕を持って購入することを強くお勧めします。

□ it is (strongly) recommended that SV (原形)　S が V するよう (強く) 勧められる

関連語句
□ **it is advisable that SV (原形)**
S が V するよう勧められる
It is advisable that you come to the venue early in case of heavy traffic.
渋滞の場合に備えて、早めに会場に来られることをお勧めします。

⏰ 解答目標タイム 15 秒

11. Costlow membership cards are ------- for one year, after which they must be renewed by paying a small fee.

(A) shared
(B) valid
(C) ordered
(D) last

□ **renew** 動 〜を更新する
□ **small fee** 少額　類 nominal fee

11. (B) valid

1. 選択肢には形容詞と動詞の -ed 形が並んでいます。
2. 主語は membership cards「会員カード」で、空欄の前には be 動詞、後ろには for one year「1年間」という期間が来ています。
3. よって、ここに valid「有効な」を入れれば「会員カードは1年間有効だ」となり意味が通ります。share「〜を共有する」は share A with B「A を B と共有する」の形で覚えておきましょう。order は「〜を命令する・〜を注文する」という意味です。last「最後の」は、動詞の場合「続く」という意味があるので、形容詞の場合にもそのような意味があるのではないかと思った人をひっかけるための選択肢です。

訳▶ コストローの会員カードは1年間有効です。その後は少額の料金をお支払いいただき更新することができます。

□ be valid for X　X 間有効だ・X に有効だ

This visa is valid for a stay of 90 days or less.
このビザは90日以内の滞在に有効です。

関連語句　□ be effective for X

X 間 (薬などの) 効果がある
One pill of this medicine is effective for eight hours.
この薬は1錠で8時間効果があります。

valid term「有効期間」、expiration date「有効期限」なども一緒に覚えておきましょう。

解答目標タイム 20 秒

12. Because renovations to the office will be ------- over the weekend, staff are required to take home all personal items on Friday evening.

(A) held up
(B) made out
(C) built in
(D) carried out

□ **renovation** 名 改装
□ **be required to do** 〜することを要求される
□ **take home X** Xを家に持って帰る

　take X home という語順も可能で、X が代名詞の場合は必ず take X home の語順になります。

□ **personal items** 私物　類 personal belongings

12. (D) carried out

1. 選択肢には動詞の -ed 形＋前置詞／副詞が並んでいます。
2. 空欄の前には be 動詞があるので選択肢の動詞は受動態をつくる過去分詞だとわかります。能動態に戻すと will ------- renovations となり、renovations「改装」を目的語にとる動詞が正解になります。
3. よって、carry out「〜を実行する」が正解です。他の選択肢は hold up「〜を渋滞させる・〜を支える」、make out「〜を理解する」、build in「〜を組み込む」という意味のフレーズです。

訳▶ オフィスの改装は週末の間行われるので、金曜日の夜に私物をすべて家に持ち帰ってください。

□ **carry out** 〜を実行する

関連語句　□ **conduct** 〜を実施する・〜を行う
Dr. Mainz conducted significant research on DNA.
マインツ博士は DNA の重要な研究を行った。

ほかにも、言い換え表現には perform、implement などがあります。

解答目標タイム 15 秒

13. Entry to the Gladville Art Gallery is free of ------- to senior citizens and children under the age of six.

(A) rate
(B) charge
(C) demand
(D) payment

□ **entry to X**　Xへの入場
□ **senior citizen**　高齢者

13. (B) charge

1. 選択肢には名詞が並んでいます。
2. 空欄の前には free of X「X がない」という熟語があります。
3. これと相性がいいのは charge「料金・費用」です。free of charge で「無料で」という意味です。rate には「料金」、payment には「支払い」という意味がありますが、free of とはつながりません。demand は「需要」という意味です。

訳▶ グラッドヴィル・アート・ギャラリーへの入館は、高齢者と6歳未満の子どもは無料です。

□ free of charge　無料で

関連語句　□ **for free**　無料で
If you purchase two apples, you will receive the third one for free.
リンゴを2個ご購入いただきますと、3個目は無料で差し上げます。

副詞の free、for nothing、at no cost、at no charge などで言い換えることもできます。ちなみに gratis「無料で」という副詞もあります。

⏰ 解答目標タイム 15秒　　　▶07

14. Unlike many other airlines, Squat Air does not extend its employee ------- to immediate family members.

(A) outcomes
(B) approaches
(C) benefits
(D) obstacles

□ **unlike X**　Xとは違って
□ **airline**　名 航空会社
□ **extend A to B**　AをBまで拡大する・AをBに与える
　　extend an invitation to X「Xを招待する」という表現が出題されたこともあります。
□ **immediate family**　近親

14. (C) benefits

1. 選択肢には名詞の複数形が並んでいます。
2. 空欄の前には employee「従業員・社員」という名詞があります。
3. この語と相性がいいのは benefits「給付・手当」です。employee benefits で「従業員福祉・従業員手当」という意味になります。他の選択肢は outcome「結果」、approach「アプローチ・接近」、obstacle「障害」という意味です。

訳▶ 他の多くの航空会社とは異なり、スクアット・エアーは従業員福祉を身近な家族にまで提供していない。

□ employee benefits　従業員福祉・従業員手当

関連語句　□ **benefits package**　福利厚生・給付

Rosvold Tech is famous for providing its employees with a generous benefits package.

ロズボルド・テックは従業員に寛大な福利厚生を提供していることで有名です。

名詞が名詞を修飾する場合、最初の名詞は単数形になるのが原則ですが（○ appointment book「スケジュール帳」× appointments book）この表現には benefits と -s がつきます。「手当」はほかにも allowance、premium といった言い方があります。

🕐 解答目標タイム 15秒　　　　　　　　▶07

15. Please be ------- that Tuesday's staff meeting has been changed to Friday on account of the national holiday.

(A) optimal
(B) advising
(C) known
(D) aware

□ **on account of X**　Xが原因で
□ **national holiday**　祝日

15. (D) aware

1. 選択肢には形容詞と分詞が並んでいます。
2. 空欄の前には be 動詞、後ろには that 節が続いています。
3. よって、ここに aware を入れれば be aware that SV「S が V することに気がつく」というフレーズができあがります。今回は Please be aware という丁寧な命令文なので「〜にご留意ください」という意味になっています。optimal は「最適な」という意味の形容詞、known は know「〜を知っている」の過去分詞、advising は advise「〜に助言する」の -ing 形です。be advised that SV「S が V するように助言される」のように過去分詞であれば正解になりえます。

訳▶ 火曜日のスタッフ・ミーティングは祝日の影響で金曜日に変更されたことにご留意ください。

□ be aware that SV
S が V することを知っている・承知している

be aware of X「X に気がつく」も覚えておきましょう。

関連語句
□ **keep in mind that SV**
S が V することを心にとめておく
□ **keep X in mind** X を心にとめておく

Please keep in mind that you are prohibited from taking pictures in this museum.
この美術館では写真撮影は禁止されていることにご留意ください。

命令文の Remember「〜を覚えていろ」、Do not forget「〜を忘れるな」も言い換えになりえます。

熟語・フレーズ Index

- a ... amount of ＋不可算名詞 ········ 158
- a ... number of ＋可算名詞 158
- a variety of X ········ 156
- a (wide) selection of X 156
- accept an order ········ 120
- across from X ········ 032
- across X ········ 032
- address X ········ 248
- adhere to X ········ 236
- ahead of schedule ········ 144
- ahead of time ········ 146
- allow X to do ········ 194
- as a representative of X 162
- as soon as possible ········ 102
- ask a favor of X ········ 062
- ask that SV(原形) ········ 164
- ask X a favor ········ 062
- ask X to do ········ 164
- assure X that SV ········ 168
- at no additional fee / charge / cost ·· 238
- at no extra fee / charge / cost ·· 238
- at your earliest convenience ········ 102
- Attached is X ········ 200
- Attached please find X 200
- attempt to do ········ 182
- attend ········ 190
- avoid doing ········ 154
- away from the office ········ 098
- be able to do ········ 188
- be about to do ········ 104
- be accessible to ········ 232
- be advised to do ········ 150
- be available to ········ 180
- be aware that SV ········ 260
- be backed up ········ 138
- be busy with X ········ 082
- be capable of doing ········ 188
- be concerned about X ·· 124
- be congested ········ 138
- be covered in X ········ 028
- be covered with X ········ 028
- be delighted to do ········ 074
- be effective for X ········ 252
- be eligible for X ········ 172
- be eligible to do ········ 240
- be entitled to do ········ 240
- be entitled to X ········ 172
- be familiar to X ········ 082
- be familiar with X ········ 082
- be filled with X ········ 026
- be full of X ········ 026
- be hanging on the wall ········ 030
- be happy to do ········ 074
- be held ········ 054
- be hung on the wall ········ 030
- be in charge of X ········ 096
- be located＋前置詞句 ·· 038
- be on the point of doing ········ 104
- be open to X ········ 232
- be piled up ········ 046
- be pleased with X ········ 224
- be propped up against X 016
- be put on display ········ 022
- be readily available ········ 180
- be required to do ········ 066
- be responsible for X ·· 096
- be satisfied with X ········ 224
- be situated＋前置詞句 ·· 038
- be stacked ········ 046
- be subjected to X ········ 202
- be subject to X ········ 202
- be supposed to do ········ 066
- be tied up with X ········ 082
- be transferred to X ········ 132
- be up to X ········ 080
- be valid for X ········ 252
- be worried about X ········ 124
- behind schedule ········ 144
- benefits package ········ 258
- beside X ········ 042
- between A and B ········ 042
- board X ········ 020
- call X back ········ 122
- carry out ········ 254
- catch a train ········ 114
- classify A into B ········ 170
- come to an agreement ········ 178
- compensate A for B ········ 242
- complete a form ········ 094
- comply with X ········ 236
- conduct ········ 254
- contribute A to B ········ 204
- deal with X ········ 248
- decrease by X ········ 226
- delay an appointment ·· 142
- depend on X ········ 080
- despite X ········ 186
- direct A at B ········ 044
- distribute ········ 050
- divide A into B ········ 170
- do a favor for X ········ 062
- do X a favor ········ 062
- drop by X ········ 112
- drop in at X ········ 112
- employee benefits ········ 258
- enables X to do ········ 194
- ending time ········ 160
- equip A with B ········ 174
- exchange A for B ········ 118
- feel free to do ········ 216
- fill A with B ········ 048
- fill out ········ 094
- for free ········ 256
- for your convenience ·· 206
- free of charge ········ 256
- gaze at X ········ 014
- get back to X ········ 122
- get on X ········ 020
- give X comments ········ 090
- give X feedback ········ 090
- Go ahead. ········ 128
- go ahead with X ········ 128
- go into effect ········ 214
- guarantee ········ 168
- hand in ········ 100

hand out ········· 050	make it to X ······ 110	reschedule an appointment ············ 142
have expectations of X 228	make use of X ····· 234	rise by X ········· 226
How about X / doing? ·· 058	make X wait ······· 108	run out of X ······ 084
How long ········· 070	meet a requirement ··· 246	run short of X ····· 084
How often ········ 070	meet demands ····· 246	seek X ··········· 116
How/What about you? 058	miss a train ······· 114	set up X ·········· 036
I don't know. ····· 076	near X ··········· 042	show up (at X) ···· 110
I have no clue. ···· 076	next to X ········· 042	Something is wrong with X. ············ 078
I have no idea. ···· 076	notify A of B ······ 218	so that ··········· 192
I'm not sure. ····· 076	occupied with X ··· 082	Sounds good / fine / okay. ············ 072
I was wondering if you could/might do... 064	offer to do ········ 126	Sounds like a good idea ············ 072
if so ············· 134	on behalf of X ····· 162	stand in line ······ 012
in a calm manner ··· 208	on leave ·········· 106	stare at X ········· 014
in a row ·········· 024	on schedule ······· 144	starting time ······ 160
in a timely manner ··· 208	on short notice ···· 148	supply A with B ··· 184
in advance ········ 146	on vacation ······· 106	supply B to/for A ·· 184
in an effort to do ··· 152	out of order ······· 078	take a detour ····· 140
in detail ·········· 212	out of the office ··· 098	take advantage of X ·· 234
in order that ····· 192	participate in X ··· 176	take a leave of absence 092
in order to do ····· 152	pass out ·········· 050	take an alternate route 140
in reply to X ······ 222	pay back ·········· 220	take an order ····· 120
in response to X ··· 222	Please do not hesitate to do ············ 216	take part in X ····· 176
in spite of X ······ 186	plenty of X ········ 158	take place ········ 054
in that case ······· 134	point at X ········· 044	take X day(s) off ··· 092
increase by X ····· 226	postpone an appointment ············ 142	thoroughly ········ 212
it is advisable that SV(原形) ········ 250	postpone A until B ··· 196	try on X ··········· 018
it is advisable to do ··· 150	pour A into B ······ 048	try to do ·········· 182
it is convenient for X to do ············ 206	praise A for B ····· 242	turn in X ·········· 100
it is (strongly) recommended that SV(原形) ··· 250	provide A with B ··· 174, 184	under construction ··· 210
keep in mind that SV ·· 260	provide B to/for A ·· 184	under warranty ···· 210
keep X in mind ···· 260	put off A until B ··· 196	unload ············ 034
keep X waiting ···· 108	put on ············ 018	wait in line ········ 012
late notification ··· 148	put X into effect ··· 214	wear vs. put on ···· 018
lean against X ····· 016	reach an agreement ··· 178	well attended ····· 190
lean on X ········· 016	reach for X ········ 040	What about you? ··· 058
Let's do ··········· 060	reach into X ······· 040	Why don't we do? ·· 060
load ·············· 034	read through X ···· 130	work on X ········· 088
look forward to doing ·· 228	receive an order ··· 120	would rather do ··· 068
look for X ········· 116	refrain from doing ··· 154	would rather not do ·· 068
look over X ······· 130	reimburse A for B ··· 220	Would you like X...? ·· 056
make a contract ··· 088	relocate A to B ···· 132	Would you mind if SV(過去形)...? ··· 064
make a contribution to X ············ 204	remind A of B ····· 218	written approval ··· 244
make an effort to do ·· 182	remove A from B ··· 034	written consent ··· 244
	replace A with B ··· 118	

著者紹介

森田 鉄也 (もりた・てつや)

慶應義塾大学文学部英米文学専攻卒業、東京大学大学院人文社会系研究科言語学修士課程修了。専門は認知言語学。TOEIC®指導の専門校エッセンス イングリッシュ スクール講師。TOEIC® 990点、ケンブリッジ英検 CPE、英検1級、英語教授法 (TEFL) 取得。日本語教育能力検定試験合格。著書に『1駅1題 TOEIC®TEST 単語特急』(小社)、共著書に『10分×10回×10日間 TOEIC® TEST ミニ模試トリプル10』(スリーエーネットワーク)、『新 TOEIC®TEST 文法・語彙問題秒速解答法』(語研) などがある。iPhoneアプリ『TOEIC®TEST 英文法・語法徹底トレーニング』も作成。
TOEIC満点&アメリカ移住ブログ　http://toeicjuken.seesaa.net/
メルマガ：TOEIC予想問題演習マガジン
http://www.mag2.com/m/0000288072.html

Ross Tulloch (ロス・タロック)

オーストラリアクイーンズランド州のグリフィス大学ビジネス科卒業。近畿日本ツーリスト入社後、ツアーコーディネーターとして6年勤務。クイーンズランド工科大学で英語講師資格(TESOL)取得後、日本へ渡る。公立中学校を経て、現在、岡山学芸館高等学校勤務。TOEIC®TEST 990点取得。共著書に『新 TOEIC®TEST 時短特急 ミニ模試×5回』(小社)、『新 TOEIC® テスト BEYOND 990 超上級問題＋プロの極意』(アルク) など多数ある。

新TOEIC® TEST 熟語特急
全パート攻略

2011年9月30日　第1刷発行
2016年3月10日　第5刷発行

著　者	森田 鉄也 Ross Tulloch
発行者	首藤 由之
装　丁	川原田 良一
本文デザイン	コントヨコ
イラスト	cawa-j ☆ かわじ
印刷所	大日本印刷株式会社
発行所	朝日新聞出版 〒104-8011　東京都中央区築地5-3-2 電話 03-5541-8814（編集）　03-5540-7793（販売） © 2011 Tetsuya Morita, Ross Tulloch Published in Japan by Asahi Shimbun Publications Inc. ISBN 978-4-02-330976-0 定価はカバーに表示してあります。 落丁・乱丁の場合は弊社業務部（電話03-5540-7800）へご連絡ください。 送料弊社負担にてお取り替えいたします。